# 士 志 于 道

## ——薛船长的航运强国梦

薛迎春　著

HEUP 哈尔滨工程大学出版社

## 内 容 简 介

薛迎春船长从事航海行业二十余载、走过世界四十多个国家，对行业的发展有深刻的见解，对家国人生有独到的领悟。本书凝结了作者多年来思想、见解的精华，收集了作者不同时期的作品，分为对教育的感悟，为国建言，针砭行业时弊，读书感悟，对社会、法律、历史问题的思索，及部分学术论文六个层次叙述。士志于道，五味杂陈，翻阅本书，能感受到薛船长苦苦追寻航运强国梦的赤子之心和拳拳深情。

**图书在版编目 (CIP) 数据**

士志于道：薛船长的航运强国梦/薛迎春著. —哈尔滨：
哈尔滨工程大学出版社，2016.5
ISBN 978 - 7 - 5661 - 1253 - 8

Ⅰ.①士…　Ⅱ.①薛…　Ⅲ.①航运 - 中国 -
文集　Ⅳ.①U699.2 -53

中国版本图书馆 CIP 数据核字 (2016) 第 084428 号

选题策划　史大伟
责任编辑　薛　力
封面设计　恒润设计

---

出版发行　哈尔滨工程大学出版社
社　　址　哈尔滨市南岗区东大直街 124 号
邮政编码　150001
发行电话　0451 - 82519328
传　　真　0451 - 82519699
经　　销　新华书店
印　　刷　哈尔滨市石桥印务有限公司
开　　本　787mm ×960mm　1/16
印　　张　12
字　　数　270 千字
版　　次　2016 年 5 月第 1 版
印　　次　2016 年 5 月第 1 次印刷
定　　价　28.00 元

http://www.hrbeupress.com
E-mail:heupress@ hrbeu.edu.cn

# 自　序

今天任何一位大学生的学习条件都比我求学时的好。

我就读的是农村学校，直到高中毕业，连正规英文系毕业的英语老师都没有，初中与高中有两位英语老师原本是教物理的，所以我自嘲我的英语是物理老师教的，当然整个中小学时代，我所有的课程都是老师用方言讲授的，以至于多年后在船上学习英语，我国台湾省船长打趣："小薛还学英文！中文还讲不好呢。"20 世纪80 年代是整个国家奋发向上、努力学习外来文化的年代，我有幸成长于这样的年代。

1990 年应届高考我考取了大连海运学校（今大连海事大学，当年江苏大多考生都要复读的），这是一所要求极其严格的学校，当时在我所了解的大连院校中，大连海运学校是唯一强制要求上晚自修的学校，校规极其严格，在校平常要求着制服，校园内行走两人成行、三人成列。学习要求也高，同宿舍就有同学由于补考太多而被勒令退学。今天我研究吴淞商船学校校史，发现大连海校真正地继承了吴淞商船学校的治学理念，校船"育才"轮可能是培养远洋船长、轮机长最多的实习船，该轮所带的实习生未必最多，但大连海校的毕业生大多终身从事航海事业，大部分能成为船长、轮机长，活跃在航海的第一线。其学生业务素质过硬，多年后我从事租船工作也意识到这一点，但凡校友做船长的，业务大多没有问题。

这很可能与学校务实的培养目标有关，读书时，在大连的老乡聚会，有人问："你们毕业后做什么？"海院的老乡得意地说："我们毕业后做二副。"我也很自豪地说："我们毕业后做二水（二等水手）。"其实读书时也搞不清二水与二副有什么差别，若知道其中的天壤之别，当初绝不会那么大声了。正因为没有要求，所以学校教学涉猎广泛，又重点打好水手工艺基础。多年后，我做大副时，要求水手向我学习，一上午插5 根28 毫米的钢丝，上高作业，我放第一跳，都与大连海校的严格训练分不开。

最让我终身受益的是，毕业前看到一篇文章，说从毕业的第一天起，坚持每天花1 小时看10 页有用的书，这不难，坚持十年，你就可以成为一个学者，因为10 年将看近100 本有用的书，四年大学的教材加起来也远远不到100 本。

整个航海生涯是我拼命学习的过程，公休在家时我会从早晨7 点开始看书，看到晚上11 点，为克服随意走动，用绳子把自己的脚绑在桌子腿上，若想走动，必先解开绳子。在船上工作时，我从不打牌、下棋，不是不喜欢，而是舍不得时间，做三副时，下午从来舍不得睡觉，整个下午看书看到晚饭时分，晚饭后继续看到 20 点上班。做大副时，上午舍不得睡觉，安排完水手的工作，一直看书看到吃午饭。航行值班，得空就背英语单词，一个远航线从远东到西非，背 700 多个单词，背会一个画掉一个，回程背 500 多个单词。

没有那么多年的苦读，也做不好后来的租船工作。多年来，我一直坚信，机遇对年轻人来说总归是有的，只是机遇来临时，你有没有足够的能力抓住机遇。

我是 25 岁做大副，2001 年，28 岁时就做了南京远洋公司"中华门"轮船长，当时是江苏有史以来最年轻的远洋船长。但我坚持认为做船长不分先后，40 岁左右做到船长即可，做优秀的船副也同样值得尊敬。

2002 年我就到公司从事管理工作，当时面临着两个选择——做航运还是做海务，很朴素地想，做海务是花钱的，做航运是赚钱的，先学会赚钱再去花钱，误打误撞地从事了航运工作。航海与航运不是一个学科，与航运专业最对口的是海事大学国航系，好在有多年的知识积累，还算顺利地在这一行站稳了脚跟，更为有幸的是工作中能够师从国内租船业的泰斗胡晓霞女士。胡女士是早年中国外运的租船处处长，曾租进中国的第一条海岬型船，后来担任中国外运与宝钢合资的宝运公司第一任总经理，主导制订了宝钢租船格式合同，广为国际租船界所接受，为中国各大钢厂在租船时避免了大量的损失。今天我还颇为自得，这么些年租进近千艘次船，租约上没有发生大的纠漏，与胡晓霞女士的严谨教诲不无关系。

2006 年初，在知识、经验各方面都积累成熟后，我与朋友一起成立了友鸿船务有限公司，经营企业的风风雨雨一言难尽，中国企业的平均寿命较短，能做到现在，而且还在健康经营着，殊为不易。

之所以能够提笔写点东西，也是误打误撞，2013 年，看了几本甲午海战的论文，就到百度贴吧的甲午海战吧里发帖议论，被人奚落得颜面扫地，然后找来相关的书来看，姜鸣、陈悦、戚其章、马勇等人的几十本书看下去，再读日本通史、张謇等的相关史料，逐渐对甲午战争有了清晰的了解，再扩展到晚清史，专注于吴淞商船学校校史，当然，书看到这地步也不会到贴吧里骂别人了。

35 岁以前看书都带有功利色彩，为谋生需要。此后才是读自己喜欢的书，看书一定要保持阅读兴趣，妨碍兴趣的内容，一定要跳过去，与体育运动一样，一定要做自己喜欢的运动，做不喜欢的事情绝不能持久。看书一定要分精读与泛读，因为不是每一本书都是精华，不是每一本书自己都有兴趣细读，有的书，可以不求其解，一目十行，保持一定的阅读量是有必要的，但要大致了解书里的主要内容。图书馆要好好利用，国内很多城市的图书馆都是公益的，有的藏书相当丰富，均可借阅，现在图书很贵，不是每本都值得购买。

我孩子多,繁忙的工作之余,还要带孩子、哄孩子睡觉,阅读写作时间都是挤出来的。驾车上下班的路上,利用听书软件听完很多经典著作,有时关掉声音,任思绪漫天飞舞,很多得意之作来源于上海拥挤的道路所带来的孤独。

　　始终认为工作、养育家庭与学习、体育运动没有冲突。我写作的兴趣来源于2013年4月28日发表的博客《航运业扶不起来了吗》,引起相当大的反响,其后一发不可收拾,在这之前,我从未意识到自己还能写点东西,学生时代语文、作文平平。深切体会到语言是潜移默化的过程,技巧仅是细枝末节,自觉文风深受韩寒、李承鹏的影响,言语处事深受高中语文老师、现江苏警官学院孙勇才教授的影响。

　　也就是这两年,对教育才有了深深的感悟,对行业也有了更深的认识,深切感受到改革的不易,也理解各行各业改革者的艰辛。

　　我的呼吁引起了领导的重视,2014年10月中国海事局陈爱平局长专程飞到上海听取我的意见,后来也有机会参与行业内的座谈会,一些呼吁被吸收进国家政策层面。近来在外贸形势发生诸多变化的情况下,航运企业也遇到了这样那样的问题,理货制度改革与拖轮费改革进入激烈博弈阶段,每一个改革都殊为不易,很多深夜我都在为行业如何发展、进步苦苦思索,力求对决策能起些许促进作用,以利于航运业发展,每一个进步都可以用悲壮来形容,若干年后,也许可以倒尽其中的苦水。

　　《论语》《孟子》《中庸》《大学》这四书已深深沁入中国人的心灵,遗憾我们这辈人不能背诵出来,共计不过数万字而已,读完四书坚定了我追寻"道"的决心,"君子务本,本立而道生","士志于道,而耻恶衣恶食者,未足与议也",读完这些圣人之言,使我心境平和。做企业何尝不是如此?有着一百年历史的泰昌祥轮船公司的顾董事长,香港家里房子非常小,这是任何一个富豪都难以想象的,他追寻的就是"道",经营百年企业之道。

　　蓦然回首,我追寻的"道"是航运强国之"道"。

　　中国航运业的强大,是我多年来的梦想。

　　**航运强国梦,我的中国梦!**

# 目　　录

# 语文应首先重视阅读能力的培养 ▶

**2014 – 04 – 14**

清代考进士，一个大县平均三四年才可能考上一名进士；一个家族要数辈人努力，才可能供得起一个读书人。尽管如此，考进士并不是读书人的主要出路，因为这条路太窄了，成功的绝对是凤毛麟角，绝大多数读书人的出路还是做乡绅，武举人是做乡绅的最便捷途径，清代武举人、武进士是不从军的。

尽管大量优秀人才落第，但能考中进士的，绝非等闲之辈，科举作弊可是了不得的大事，因科场舞弊案清朝曾杀过大学士。进士派往一个县任知县，等于占领了这个县的道德、学术最高点，清代也算是以孝治天下，官员至少表面上都是圣人弟子，道德高尚。尽管具体的事情还是靠幕僚（师爷）辅佐，但县令的统治有其合理、合法性。

直到20世纪初,高等教育还是精英教育,我记得我们走出校门时,身份都是国家干部。当时各大央企,包括中央机关是向所有人敞开的。当然那时高校一年招生是四十几万,所有的毕业生均能进入国家干部队伍。今天感觉发生了很多变化,好像还要考公务员。

今天高等教育已经大众化,但我更喜欢十八九岁走出校门、工作多年、勤奋且有一技之长的年轻人,我身边有太多这样优秀的年轻人,有的非常成功,初中毕业生领导大学生的也有。有人为此愤愤不平,抱怨读书无用。读书到底有没有用,就如同卖水果,有的人能发家致富,有的人就关门歇业。有没有读大学与水果卖得好坏没有必然联系,卖水果初中毕业足矣。我的朋友赵美萍是位知名作家,是《知音》杂志编辑,正规学历仅小学毕业而已。

说得离语文远了很多。

曾问过不下五位中文系毕业生读过几遍《红楼梦》,大多说读过一遍,有的人说只翻过。我假装谦虚地说读过七遍,那都是25岁前读的,最近开车时又听了一遍。

我们有幸在20世纪80年代读中学,现在回想起来,我的老师们在他们读书时,都是出类拔萃的,因为他们读大学时还是精英教育。

一直到35岁以后,我才学会如何跑步,读书时,也没人教过跑步,也没有与同学切磋过,然而跑步是可以成为爱好的,这与我1996年第一次到美国时,看到马路边长跑的年轻人,觉得不可思议是一样的。

一直到年近40岁时,才明白怎样看书,看书与体育运动一样,一定要自己喜欢,不强迫自己做不喜欢的事情,一定要读自己喜欢的书,不要强迫自己看别人说好、自己看不进去的书。书有时是要泛读的,是要一目十行的,少部分自己十分喜欢的精读一下。要保持读书速度。当然,不指读、不出声倒是初中时就学会了。

我认为语文教育的要点在于教会学生如何阅读、如何欣赏。学习写作技巧、总结中心思想是缘木求鱼的事情,凡表达不好的人,不是不会表达,而是没东西可供表达,底蕴不够使然。世界名著看了很多的人,甚少有表达不出来、文笔艰涩的。之所以要重视阅读,是因为文字信息的承载量是其他形式所不能比的,李白的名句"郎骑竹马来,绕床弄青梅"十个字,若用电视来表述,没有5分钟是表达不出来的,同样,电影《白鹿原》展现的信息量,只有小说的几十分之一。《红楼梦》拍成数十集的连续剧,信息量也只有原著的很少一部分。

教育的本质不是谋生,而是唤起兴趣、鼓舞精神,把教育异化为谋生,甚至异化成考个好大学,这个定位本身就有问题。

# 开教育特科已刻不容缓 ▶

**2015 – 03 – 12**

一百多年前贵州学政严修建议设特科广收人才，获得恭亲王奕䜣的支持。特科造就了很多人才。

民国时期大师云集，非今日之可比，有的人物是空前绝后的，比如：章太炎史、哲、佛、医兼通，李叔同音、美、书、戏、词、佛均造诣顶尖。这些大师之所以成为大师，一个主要原因是从启蒙时开始，读书就没有功利心。

一旦有了功利心，人文学科方面就不会出太大的学术成就。比如怀着考科举的心去学习，连成为鸿儒都难，遑论博学的顶尖学者了。

怀着考大学的心去学习更不可能在人文学科方面有杰出成就。学贯中西的钱钟书，放在今天可能考不上大学，因为数学零分。

有人说，古人读书不都以科举为目的吗？这其实是很大的误解，古代科举其实只是读书人很小部分的一种出路，绝大多数还是选择做乡绅，大部分读书人不是为科举而读书。才华横溢的曹雪芹就自知科举无望，做小说家言。

孔子说："辞达而已矣。"也就是用词只要表达清楚即可，不主张用虚妄、华美的措辞。作文讲究文笔也没错，"言之无文，行而不远"，但当今教育有时却是为赋新诗强说愁，读书时，老师一定要我抒情，怎么也抒不出来，这是没有相当的文化积累，无法表达导致的。

我认为效仿一百多年前开教育特科是可取之道。孔子主张的"知之者不如好之者，好之者不如乐之者"，也是强调兴趣是学习中最重要的元素。

至少对一部分孩子来说，根据兴趣因材施教已到了刻不容缓的地步。我们学航海那是没办法，有国际公约规定全世界必须用同样的规范、同样的要求。但在别的学科，特别是在人文学科，一定要百花齐放，理工科至少也要"十花齐放"，条条大道通罗马。

办教育特科的途径之一是办私塾，其实私塾原本是很便宜的、适合小农经济的教育方法，之所以便宜，就是因为老师束脩有限，教材可以一页一页地买。今天家长愿意花大价钱请尽可能好的老师来教私塾，很多领域传统教育是有其显著优势的，比如孩子可能学了九年语文连信也不会写，读私塾不到一年，写的信就相当有文采了。

我们国家需要各种各样的人才，这不是大规模通识教育所能培养出来的，应该有针对性地对有特殊专长的孩子进行培养。

# 祭祖是优秀文化的传承之一 ▶

**2015 – 03 – 31**

这周末外婆三周年脱孝，感慨良多。

1. 不能说中国人没有信仰，不能说中国人的心灵无处安放，一个 13 亿人口的国家没有信仰是可怕的。中国人信祖宗，这是真实存在的信仰之一，但在独生子女一代正慢慢弱化。中国人祭祖并不少，在苏北，且不说一年四个节气的过节少不得祭祖，加上清明、冬至、先人周年忌日的大祭也是不少的。虔诚的还有初一、十五的进香。

我注意到城里甚少有人家摆祖宗牌位，但在农村，大儿子家的堂屋一定会有祖宗牌位，想来这是与过去传统上文化重心在乡村、城市多流民、居住空间有限有关。其实，放牌位是为了祖宗保佑后人的民俗，一定是在堂屋的正中位置，一般都有烛台、香炉。

2. 祭祖是民间艺术的载体。

国家为民间艺术，包括京剧的传承拨巨款，效果不彰，但很多民间艺术却靠祭祖传承得很好。百年一遇的艺术家华彦钧（阿炳）就是位给人做法事的道士，一曲《二泉映月》赚得无数人的泪水。很多美轮美奂的壁画、出土的各种随葬品都是与这种传统有关。当然有的王朝灭亡亦与这种事死如事生的挥霍无度有关，如秦王朝。

3. 祭祖其实是强大的生育文化，近三十年来在渐渐淡化。

中华民族生生不息，这与强大的生育文化是分不开的。有人认为，死人没关系，只要生得多，古话说："千棺从门出，其家好兴旺。"

丧礼是检验一个人培养子女成就的时候，外婆生了 6 个子女，抱养了一儿一女，孙子、外孙有十多个（没有孙女、外孙女，很奇怪，自然如此）。上坟时，小姨念念不忘没有外婆的坚持就没有她，看到墓碑上的名字知道，外公先前娶过两房没有生养，先后去世了，后娶了外婆，生了大舅后连生四个女儿，婆婆就叫外婆把小姨溺死，外婆没肯。中国历史上溺婴案非常惨烈的，甚至由于性别比例失调导致过严重的战争，只是学院派历史学家刻意回避罢了。

妇女地位的高低与生育率成反比。有的人认为，妇女地位低，生育率一般就高，中华文化圈包括日本、韩国、我国生育率奇低与这些年妇女地位提高、传统生育文化渐渐弱化不无关系。

4. 祭祖是近千年来官方所推崇的。

宋明以来，统治者奉行的是以孝治天下，孝敬父母的人就会忠于国君，这是其理论基础，这是王朝稳定的基石。孔子说的"生，事之以礼；死，葬之以礼，祭之以礼"为传统文人所遵从。自古忠孝是相提并论的。

自古代至民国，官方对家族的祭祀场所与产业是保护的，《红楼梦》第13回"秦可卿死封龙禁尉 王熙凤协理宁国府"，秦可卿说："便是有了罪，凡物皆可入官，这祭祀产业也不入的。便败落下来，子孙回家读书务农，也有个退步，祭祀又可永继。若目今以为荣华不绝，不思日后，终非长策。"古代最好的寿险就是在祖坟周围买田产。

今天墓地成了房地产的一种，当然，我们该珍惜土地，全面火葬，厚养薄葬。

我在办公室叹惜没能带儿子参加外婆的脱孝，有同事很不理解，其实，想让儿子见证的是文化的传承，让孩子有仪式感的教育，很多事情是父母做给子女看的，包括孝敬老人，一定是父母要做表率的，这就是孝的文化。

# 读书与就业的误区 ▶

**2015－04－27**

身边有太多朋友千方百计地要把孩子送到重点小学、重点初中，殷切地盼望着孩子长大后能读个好大学。每看到此种情景，我都会泼冷水："那些重点小学、重点初中，你怎么知道它不是在害孩子呢？"孩子在小学、初中阶段就是要玩，要他考高分，不是害孩子是什么呢？浙江大学郑强教授说："我痛心呀！中国的孩子不是输在起跑线上，而是被搞死在起跑线上！"他的看法倒与我差不多。

望子成龙99%是要失望的,因为能够成龙的毕竟是很少的。绝大部分人家的孩子都成为普通劳动者。包括我们20世纪80年代读高中的一代,那时高中还是精英教育,现在绝大部分高中同学都是靠辛勤工作,拿一份普通的薪水养家,生活本来就是这样。

孩子喜欢什么运动,就应拼命去玩,凭着棒棒的身体,谋份体力活也很不错。为什么非得读大学呢?亲眼看到好几个孩子,从娃娃长大,读重点小学、重点中学,再读重点大学,结果读成书呆子。可悲的书呆子连书都不会读,与人无话可讲,不是有水平讲不出,而是肚中无货。除了考试别的都不会,读书不会,连谈恋爱都不会,更不会像我们从小被人打趣:"不会喝酒,将来怎样去老丈人家呢。"人民大学张鸣教授说,学习越好的学生,往往越没有后劲,精力都用在考试上了,很多博士都没读过几本书。理科博士没读过几本书就算了,文科博士好些竟然也没读过多少书。

任何学历,有效期只有三年,人生必须持续不断地学习。

有个同事的女儿,初中毕业读了卫校,三十来岁就工作了近二十年,边干边学,成为相当优秀的护士,本科毕业的护士,血管未必有她扎得好,人家十来岁就扎血管了,本科生二十三四岁才开始扎呢。

很多行业高学历有什么用呢?哪怕是双料博士,做船长未必能有我的同学们好。我们都是做了很多年水手,一步步磨炼出来的,每一个挫折、每一滴汗水都是学习。

倒是欧洲多年来就业困难,有的年轻人读完一个学位再读一个,拿几个博士学位的也大有人在,校园成了避世的去处,因为很多专业是没法就业的,比如在汶川地震中出名的"范跑跑"老师,学历史的,除了做老师,很难有别的机会凭专业来就业。"百无一用是书生",这几年一定有很多人会更深刻地体会其中的意味。在大学生还很少的20世纪90年代初,村里就有女生本科读了一年退学去学裁缝了,因为大学取消毕业分配了,那时就业艰难程度比今天更甚。

学制完全可以缩短,初中两年,高中两年,因为初中和高中最后一年大多不学新课程,都是在"炒冷饭"。孩子十七八岁参加工作刚刚好,迪斯尼招工年龄要求18岁,国家征兵也是18岁嘛。有亲戚抱怨读高中的儿子变得特别逆反,想上学就上,不想上就在家打游戏。我说很简单,16岁啦,叫他出去打份工,不可在家吃闲饭,惯孩子是在害孩子,必须当头一棒。我们的父辈、祖辈,很多是十四五岁半大小伙子时学木匠、泥瓦匠、雕花匠等手艺,三年出师,十七八岁结婚生子的,很多人是很出众的手艺人啊!今天,水平很差的木匠,在工地上做工,一天五六百块还忙得不行呢,他有手艺啊,相比较很多大学生才一两千元月薪。有的人今天称作民间工艺大师。不从小时学,哪个大学都培养不出这样的工艺大师的。

很多技艺二十一二岁读大三专业课时开始学是学不出来的,十四五岁学更合适。更别说有的行业是需要童子功的,比如有的钢琴手法,必须 11 岁前学,11 岁后不可能学成,书法也是,小时学一年,成人后十年也学不出来。

绝不能全民通才教育,那收获的一定是全民庸才。记者杨海鹏说,教育效率落实一分,中国人才之出现即多十倍。

在当前教育环境下,对大多女生来说,处理好读书与婚姻、生育的关系是件不容易的事情。拿法定结婚年龄来说,韩国、日本、英国、美国(最高的州)、中国香港特别行政区、我国台湾省都是女生 16 岁,中国大陆规定女生 20 岁。其实有人说,十七八岁结婚生子是最好的年龄,这或许还是好些父母认为的早恋年龄呢! 越来越多的女生拖到三十好几才生育,婴儿出生缺陷率显著提高,产妇身体恢复越来越难。我国台湾省畅销书《巨流河》的作者齐邦媛 23 岁武汉大学毕业时有机会到美国留学,父亲齐世英反对,担心留完学很可能成为老姑娘了。事实证明齐世英是对的,齐邦媛家庭幸福,事业有成,后来多次去美国进修,留学没耽误。我见了不少由于读书错过时机而嫁不出去的老姑娘,大多后悔不已。

年轻人,多吃点苦是好事,做父母的能理解,但总舍不得孩子吃苦,总看着别人坐办公室拿高薪,岂不知别人早先吃过很多苦。比如有的公司港口船长收入丰厚,令人羡慕,岂不知他们有的从十来岁就做装卸工,出大力,流大汗,多年后成为优秀的指导员(FOREMAN),再做港口船长。现在很多港口用年轻大学生做指导员,他们有的人没做过装卸工,只是看别人装卸还抱怨太累,哪有同学坐办公室做白领舒服,上班就盼下班,这样的指导员做到胡子白,给我打下手也不要。对于码头来说,没有优秀的指导员,就难以有优秀的管理人员。

很多技术是在大学没法学到的,需要在实践中不断锻炼,优秀的技术工人也是需要天赋的,今天我又鼓励一个绑扎公司老板从两个留洋的儿子中选一个儿子继承父业,喝了洋墨水,也要从绑扎工开始干起,干一年再说。人生的第一份工作非常重要,吃得大苦,才有机会做得大事,因为这涉及职业习惯的养成。我见过太多年轻海员,第一次工作的船不正规,以后遇到正规做法总是会表示怀疑与抵触,若第一份工作很辛苦但很正规,以后做起来就会很容易。这就是传统的"由俭入奢易,由奢入俭难"。

传统的世家子弟教育倒很独到,非一般家庭可比。郭鹤年儿子郭孔丞想娶邓丽君,祖母因邓是演员(戏子)而反对,孙子只得放手。朋友中几位世家子弟,谦卑、亲和的气质与众不同,比如:张謇的曾孙张慎欣、1890 年庚寅科二甲十五名进士刘崇照的曾孙刘巽良,教养与知识是两回事,很多人读了博士也没教养,培养一个贵族至少要三代是有道理的。

这些年,三副、二副的工资下降不少,大多船东下调三副、二副工资,而一些家族传承的公司则不然,有百年历史的泰昌祥公司的老顾董事长说:"祖上交代,我们家能请得起人就做,请不起,把钱付清,关起门就不要做了。"其实很多国企也是不降薪的,"去年上船拿一万五,今年上船拿一万,让人家怎么向老婆、家人交代。"

我并不是宣扬读书无用论,而是认为教育应回到蔡元培说的"教育的本质不是谋生,而是唤起兴趣,鼓舞精神"上来。

世上没有不好的工作,只有不好好工作的人。

# 与一位留学生的对话 ▶

**2015－7－18**

老师的孩子在"麻省大学"(马萨诸塞大学)读书,明年毕业,暑假到上海游玩,嘱咐我与孩子聊聊。与青年才俊聊天,当然是好事。

孩子个子高高的,比他爸爸帅多了,几分神似,暂叫他小张吧。学业压力感觉不是很重,每天2~3小时课,但是课后会布置一大堆书去看,课业有考试,也有做论文的,美国大学是没有统编教材的,同一门课,每个老师教的可能都不一样。学校留学生占20%~30%,交往圈子基本是美国人的圈子,见到华人也就是打个招呼。小张喜欢足球与跑步,足球踢中场,左右都行,教练老叫他踢右侧,跑步1 600米与3 200米都行。小张对学医没有兴趣,学法律大多要工作几年再考,还没考虑好。由于读高中时就出去了,还是想回到中国。

交流中,还是以我讲为主。

1. 教育

"教育的本质是帮助你成功地寻找到自己的幸福,这幸福不是你爸的幸福,也不是你们张家的幸福,而是帮助你得到你自己的幸福。"

人生最快乐的事情就是做自己喜欢做的事情。看书,一定要看自己喜欢看的书,别人说好,强迫自己看,那会把阅读的兴趣给毁掉的。运动也是一样,一定要做自己喜欢的运动,不喜欢的,不要强迫自己,因为强迫是不会持久的,家里买跑步机的,没人会坚持超过一个月。小张说,也有自己原本不喜欢,慢慢地就喜欢了,我深以为然。

我没有过多地谈中国教育,千百年来,中国教育至今本质上还是传承了《中庸》的"修道之谓教",与培养兴趣、激励精神的教育差别还是很大的。所以美国大学里,优秀的学生是十分优秀的。小张说,自己本可以努力下,有机会三年读完大学的,看来读书是不错的,要知美国大学是宽进严出,好大学的文凭是混不来的。

2. 游历

中国自古读书之余讲究游历,所谓读万卷书,行万里路,二者同样重要。清末民初世家对子女的教育十分重视游历,很多人成为大家,去国外读书也是游历。

问小张同学中大概有多少人有驾照,他说约三分之一,但他没有。我批评说:"这不可以,在美国怎能没有驾照呢?美国偌大的国土,怎么可以不驾车兜一遍呢?比如暑假,带朋友逛黄石公园就可玩很多天。"我 1996 年第一次去美国,才发现美国是世界最大的农业国,好喜欢俄勒冈州,好羡慕美国人周末开着大功率皮卡,后面拖个房车,房车后再拖个小艇到海边玩。当然,我现在也可以去俄勒冈州过这样的生活,20 年前的理想可以实现了。那边 NORTHBENT 还有个飞机场,全是小飞机,有机会也要把飞机驾照考出来,小飞机是很安全的,哪架飞机出了事情,那都是新闻了。

3. 交友

我鼓励他交白人女朋友,他说他有过白人女朋友。中国女孩嫁白人的很多,但是小伙子娶白人姑娘的很少,以后要生几个漂亮的混血儿,小张也很认同混血儿很漂亮。

很高兴小张没有同性恋倾向,作为父母,有异性喜欢自己孩子总是开心的事情,有女百家求,追求女生本就是很美好的事情。

相处最难的其实是两件事情,一是睡觉,二是吃饭。若一个是夜猫子,另一个是早睡早起的,那根本没法睡到一起去。吃饭,如欧洲人,越往北吃饭越不讲究,意大利、法国有大餐,到德国、北欧就成天三明治、香肠加生菜了。所以,凭借中国人的普通饭菜,那吃饭就不会有问题。

我还是不鼓励他找黑种人女友,看来我内心深处还是不那么公平。

4. 宗教

小张也去过教堂,但没信教,说信教有压力的,他们说不信教就会下地狱,只有信了教才会升入天堂。我说信教未尝不可,美国是以基督教立国的,信教的民众是主体,要融入人家的主流社会,主要是多沟通、多交流。

正如中国儒道释(佛教)合流,其实世界几大宗教最本质的东西是差别不大的。

5. 堕胎

我提醒他,绝不可以堕胎,有孩子一定要生下来。对此他表示赞同,在美国,堕胎是不允许的。

成家立业是成家在前,立业在后,美国大多数州女的结婚年龄在 16 岁,男的也差不多,遇有合适的人,该结婚就结婚。小张有顾虑自己穷没赚钱怎么办,我说为什么要想得那么俗呢?爱一个人,然后娶她,是很自然的事情,为什么要与钱联系起来呢?(老师事业有成,看来"穷养儿子"做得很到位)

6.美国梦

小张看过《泰坦尼克号》,杰克由于爱尔兰土豆歉收,留下年迈的父母,自己乘着泰坦尼克号去追求美国梦去了,直到今天,仍然有很多人在实现他的美国梦。奥巴马的父亲是黑人,克林顿的父亲非常普通,哥哥是酒鬼,但他们全凭自己的努力实现了自己的美国梦,"你为什么不可以呢?"

"你若能追求到自己的美国梦,父母开心还来不及呢,不必多虑,放心地追求去吧。"

7.性相近

尽管肤色不同,文化不同,但是人类是"性相近、习相远"的,人的本性是差不多的。

任何一家企业,只要超过10个人,免不了办公室政治,公司历史越长,办公室政治越严重,中外公司都一样。

"不鼓励你从学校出来直接从事你最终的职业,无论是蓝领工作还是白领工作,一定要先工作一段时间,目的是要取得与人相处的经验方法,你是独生子女一代,从没与同龄人真正相处过,同学是特殊的群体,与工作中的同事、客户,完全不是一回事。所以在美国与人相处的经验,也是财富,放在中国,大多也是适用的。"

小张到餐厅打过工,不是为赚钱,他家也不需要他赚这个钱,他是看别的同学打工,所以他也去了。

8.接过父辈的枪

"你爸今年49岁,尽管每一个成功的父母都希望能子承父业,但我可以肯定,你爸不需要你这么快回来熟悉他的公司,若能在外面更好地了解人性,对于以后自己成长会更有利。"

父辈搞好一个公司,花了十几、二十几年时间,非常不容易,但儿子搞垮一个公司,几年就够了。显然,对于子承父业的问题,小张以前根本没有想过,他爸也根本没有提过。但到55岁以后,肯定会考虑这个问题。当然,孩子若立志于追求自己的美国梦,那是父辈求之不得的。这么聪明的儿子,技术肯定不是问题,所缺的是对人性的理解。

9.机遇

发达国家和地区机遇相对少些,比如香港特别行政区,自从有了李嘉诚,就堵死了产生第二个"李嘉诚"的道路,发达国家之所以成为发达国家,是因为它已经发达了,年轻人发达的机遇就少了。发展中国家相比较机遇要多一些,中国有不少成功人士凭自己努力取得不小成就，如马云。相对地，日本、欧洲机会就少得多。

　　但是，发达国家的发展、工作、管理模式是发展中国家急需的，也是最终所要达到的。留学回来带来新的技术与管理是很有用的，然而目前存在的现状也确实让人担忧，做事要有边界，世界各国的实体法律大致差不多，所不同的是程序法。

　　10. 安逸的生活与现在的你无关

　　"刚才你说国内生活蛮不错，我同意，生活在父母身边会更不错，衣来伸手，饭来张口，但对于小伙子来说，承受压力，在外闯荡，吃些苦无所谓，挫折对年轻人来说是好事，刚才也说了，我吃了不少苦，受过很多挫折。二十来岁，失败没有关系，四十来岁就不能再失败了，失败可能永没有翻身的机会，父母永远是你的后盾，哪一天疲乏了，累了回到家待一段时间。一定要打消想要有安逸生活的想法，国内是舒服、安逸，但暂时不是你的去处，甚至你家不需要你去赚钱，你只要自己觉得在做有兴趣的事情就行。"

　　我当然没有用"君子食无求饱，居无求安""温柔乡是英雄冢"之类的传统说教来说事，传统经典对留学生来说是生疏了些。

　　小张是很聪明的，但愿我们的谈话能对他有所启发。


# 职称评定引出的种种乱象 ▶


## 2015－10－17

　　今天又收到一笔稿酬，虽然数额很小，我比作《红楼梦》中贾蓉到光禄寺领的关领："哪怕用一万银子供祖宗，到底不如这个体面，又是沾恩锡福的。除咱们这样一二家之外，那些世袭穷官儿家，若不仗着这银子，拿什么上供过年？真正皇恩浩大，想得周到"，引来感叹无数。我们做企业的，没人在乎这点小钱，今年想来也收到好几千元稿酬了，腾讯约稿好像最多。

　　有人揶揄道："现在发论文都要付版面费的，能有稿酬，那是不敢想的啊！"想来写的闲文大多有稿酬的，专业论文好像从未收到任何稿酬，版面费早听说有这东西，具体不了解，知道是因评职称导致的一种"怪象"。

　　下午理了一下，发现已发表的论文有十几篇了，用 GOOGLE 大多可以搜得出。有的还比较长，差不多可以出本论文集了。感觉颇为得意的有这几篇：《水尺计重在木材运输中的应用》(《航海技术》1998 年第 6 期)、《析吃水对量油的影响》(《航海技术》2002 年第 1 期)、《谈船上卷钢与钢板的衬垫》(《世界海运》2015 年第 8 期)这三篇。其中,《水尺计重在木材运输中的应用》还被收录进《航海应用技术拾遗》一书。《析吃水对量油的影响》被人匿名在微信上广为转载。

有一篇文章十几年来我从未示过人——《船舶静水切力与静水弯矩的计算》,因为感觉到是"野鸡刊物"发的(后来才知那是误解),今天特地向杂志社的编辑请教,人家说看看"知网"能不能搜到,搜到就不是。我知道"知网"与 GOOGLE 早就可以搜到。我十几年来有习惯,每隔两个月,都会到上海图书馆,把最新的专业期刊都翻一遍,多次看到这篇文章的内容被引用,我自己非常笨拙画的图也不止一次看到出现在别人的文章里,见图 1,这么难看,要不怎么印象深刻呢!

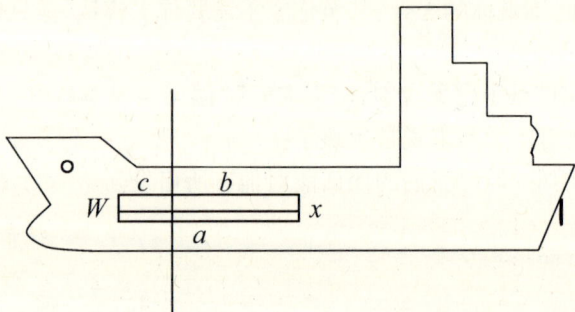

**图 1　某一计算剖面的静水弯矩值示意图**

回想起来,这么大的误解有如下两个原因:

1. 这文章发表于《上海海运学院学报》1999 年第一期,上面还有一个"第 20 卷"字样,多年来一直以为一期杂志就出了 20 卷。今天请教后才知,一年是一卷,"第 20 卷"相当于出版到第 20 个年头了。

2. 这篇文章是付过钱的,当年我还在跑船,父亲在家收到信,说《上海海运学院学报》要 500 元钱,就寄了过去,后来又收到 300 多元的稿费,两相抵,大约付了 140 元。文章当然很长,8 个版面,现在想来,很少有杂志能给出这么长的版面了。

这篇文章我前后花了好几年时间,做了大量原始积累,数易其稿,1998 年的数易其稿,可不是今天的"Ctrl + C""Ctrl + V"啊,那是要用 500 字的稿纸一格格写的,初稿是 3 万字,记得我一天只能写 1 万字,超过一万字,手就抽筋,没有"爬过格子"的人,是不会有这体会的。全篇大幅度改动,至少 3 次,很多个夜晚,手写到抽筋,无奈地搁笔。

写完后,给李治平教授看,李教授看得非常仔细,大加赞赏,每一个错字都订正出来了,然后托李教授投到《上海海运学院学报》的。非常感谢李治平老教授,老一辈知识分子的严谨与勤勉令我终生难忘。

有了这样的误解后,我后来的文章一直投给《航海技术》的,还因为其封面上方有"核心期刊"字样,感到高大上一点,现在看来,真是误会。

在知网搜了一下,在船舶强度方面,我的关注算是非常早的,难怪有那么多引用,肯定有很多引用不注明来源。特别是近十年,关于船舶强度方面硕士论文一大堆,不忍目睹,因为这块我算是紧贴前沿的,知道近年没有大的突破。

我发表文章纯是为了兴趣,自己不满意的东西不会写,更不会往外拿。

更多的东西,我们是不允许写的,更不允许发表,那是我们的商业秘密,我们工作中的很多新的做法,若形成论文,一定非常漂亮,但是我们严格禁止撰写,更不得外传。在今年的中国航海日论坛上,我谈了一些我们的做法,中国船东协会秘书长张守国就说:"你不怕别人学去啊?"我笑笑,更多的东西我是烂在肚里也不会拿出来的。相反,我一再呼吁国企要承担起责任,新的东西要分享,因为他们拿了国家大量补贴,他们评选了大量的高级船长、高级轮机长。

想来现在知识分子也够可怜的,拿学位需要论文,评职称需要论文,哪有那么多新的东西研究出来啊? 工科,新的进步需要大量的实践、大量的实验,我若不在第一线做,什么东西也拿不出来。大量需要论文的人,既不在第一线做,也没有相应的实验条件与经费,这就出现一系列的怪象,版面要收钱,有的单位还规定什么职称,每年需要发表论文多少篇。

# 中国的科研问题管窥 ▶

**2015－11－10**

借着"张謇·聚"的机会,周末有幸与目前国内的顶级科学家崔维成教授待了一整天,感慨良多。

一百年前,海门人张謇创建了上海海洋大学,一百年后,另一个海门人崔维成全力争取创造上海海洋大学的辉煌。

1. 爆炸第二颗原子弹也很伟大

无疑崔教授的团队,是国内科研的顶级团队,带着国家使命,在深渊科学中,至少是中国前无古人。

其实我感觉也不必神化，就如美国爆炸第一颗原子弹，那是非常难的，因为你往前摸索各种方法，各条道走到黑，不一定行得通，在黑暗中摸索是非常痛苦与迷茫的，需要坚强的决心。苏联爆炸第二颗原子弹，就容易得多，因为知道原子弹肯定能爆，就坚定不移地尝试不同方法，知道前途是光明的，所以就不会那么痛苦。中国搞"两弹一星"也很伟大，特别是氢弹，法国人还是靠中国帮助才搞成氢弹的，但没必要过于夸大，毕竟不是首创。

崔教授团队所做的，相当于爆炸第二颗原子弹，因为已知基础科学研究水平已足以支撑他的事业。若是首创，若恰好碰到某项基础研究水平突破不了，比如材料科学，没有能支撑那么大压力的材料，只能是等了。现在已知世界上有三个人潜过那么深，所以对基础科学能够支撑是心中有底的。

2. 做科研，必须有疯子团队

但凡科学上做成大事的，必须像疯子一样持之以恒地为了一个目标不停地追求，这恰恰是目前所缺乏的。

首先，必须有非常强烈的兴趣，没有强烈兴趣是做不成什么事情的。现在年轻人，最缺乏的就是兴趣，接触到太多年轻人，问他喜欢什么，想做什么，都是一脸茫然。现在教育的症结正在于此，把考高分作为兴趣是没用的，培养出的都是只会考试的机器。崔教授给出的解决方法是先看你最喜欢或者崇拜的一个人的传记，然后，按着他的做法去做，坚持下去。

其次，要成为"疯子"。在为自己的兴趣持之以恒追求的过程中，会面临太多的困难，甚至太多的诱惑，克服困难，舍弃诱惑，甚至安贫乐道是不为世人所理解的。

我劝过很多年轻人，家庭若不是很富裕，千万不要学历史、艺术、文学，那会非常贫穷的，由富人家孩子去学。我见过两位大学同学，一位大学毕业时是遥遥领先第一名，二十几年下来，做过很多事情，没有太大成就；另一位天资平平，但钻研专业有股"轴劲"，二十几年下来，著作等身。

然而社会难有这样的条件，以支持这样的疯子，成天泡在实验室，又很穷，连老婆可能都找不到，真可能献给科学了，付出的代价太大。

3. 中国有精神层级追求的群体少之又少

崔教授认为，人的追求层级分三等，第一等是物质，第二等是精神，第三等是灵魂。对科学的追求，要做出成就来，必须上升到第二层级的追求，也就是精神的追求。

新中国的创立，是由一群追求共产主义的人所奋斗的结果，如果革命家都停留在追求物质上，哪会有新中国呢！放在科学追求上，同样适用。

4.民间投资科研是方向,但科研与庶务必须分开,税收安排必须重构

建造"张謇"号科考母船,采用的是民间投资方式,这难以复制。

我仅对崔教授团队能够做成有信心。作为做企业的人,我一再追问崔教授,未来现金流从何而来,学者对这是不敏感的,津津乐道于投资者如何收回了投资,远期有机会上市之类,但企业归企业,资本运作还是要依靠实体赢利。

最近连"雪龙"号生意也不好,过去几年"雪龙"号建南极站忙不过来,有的货物必须先用商船运到阿根廷,再装"雪龙"号短驳到南极,现在南极站建完了,生意也就不多了。所以"张謇"号的赢利还是离不开政府采购,也就是采购其科研服务,无论是哪所大学、科研院所使用,都要购买,我知道向阳红 10 号科研任务也不足。所以特地提醒崔教授,要有"张謇"与"张詧"(Chá,张謇的哥哥)的分工,也就是科研与庶务的分工,庶务又可叫作俗务,重要性非同小可,这也是中国科研的最大问题之一,科学家成天花大量精力于庶务,小到贴票报销、国内汽车运输,大到国外设备采购,未来"张謇"号的销售,怎能做好科研,崔教授自称有几个"张詧"帮助他。作为做企业的人,容易把困难想得多些,激情还是比不过科学家。

崔教授在国家支持之下可以申请免税,但不是每个科学家都能做到这点,只有公益、科研机构免税,国家才可能有杰出的成果出来。

5.文理不分家

崔教授自称"弘二",更多表达对弘一法师的崇敬,一般的人不愿以"二"自称,在弘一法师面前自称"二"是敬仰。他讲了很多与弘一法师的缘分,1984 年读清华,看电影时听到"长亭外,古道边"的音乐,然后找到这首歌,认识了解了这个人,放在现在也是典型的追星族啊。

崔教授对佛教研究也很精深,我见到不少非常优秀的科研人员都是文理相通的,他仅比我大十岁,已计划着 56 岁逐渐交棒,60 岁退休后可以专注研习弘一法师,这当然他是追求到了第三层次,也就是灵魂层次了。

这或许是我们处于低层次的人较难理解的。实质上也是明智的做法,因为理工科科学家的黄金时间大多在五十岁左右,杰出贡献很多在五十岁前完成的,到六十岁容易拉年轻人的后腿,或许是他能认识到这一点。

6.说服领导、投资人绝非易事

无论古今中外,能成功说服别人支持自己的想法,都不是一件容易的事情。张謇为创办大生纱厂,股东一次次把他抛弃,可用呕心沥血来形容,大生投产后,张謇愤而作《厂儆图》(分别是《鹤芝变相》《桂杏空心》《水草藏毒》和《幼小垂涎》)以表愤懑之情。

清末大臣们为说服太后与皇帝建铁路,还在宫里建了小铁路。

同样,说服科学院、科技部乃至大学的领导支持自己的项目,是件非常艰难的

事情,因为领导并不都是你所从事专业的内行,很多人未必领会到其重要性。科研公司化虽是趋势,但是说服投资人,更是件艰难的事情。

崔教授团队的PPT做得非常有吸引力,宣传做得非常到位,论文发得更到位,未必每个"疯子"科学家都有这样的才情,但又是必由之路。

# 成功说服名校海归做绑扎工 ▶

**2015 – 12 – 05**

老朱对我说,儿子从英国留学回来,又想到英国读研究生,在了解到他儿子想去读管理后,我就想找他儿子聊聊。

小朱24岁,刚刚毕业于Lancaster University,利用午饭时间把小朱叫过来边吃边聊。小朱没有老朱壮实,老朱有两个儿子,都很上进懂事,真是幸福。一见面,小朱叫我叔叔,我也就当仁不让地以长辈身份与他聊了起来。

1. 兴趣最重要

我最关心小朱对什么有兴趣,高中那么多课程里,最喜欢哪一门。他说最喜欢生物,报考Lancaster大学就是想读生物的,考进去后,面临选专业时,才了解到,学生物要有生物学基础,他只有高中时的一点生物基础,远远不够,只得放弃,读了该校另一个比较出名的管理专业。

我先给他浇了一头冷水,有的专业你不读到博士等于没读,读博士的人都是一群有着强烈爱好的"疯子","你既然没有对你目前所学专业的强烈爱好,那决定着你不可能成为科学家,只能成为普通劳动者",对这一点小朱表示认同。

2. 明确反对去读管理

小朱想到牛津大学读管理方面的研究生,若考不上,别的学校他不会去读,他觉得读个研究生,对求职会更有利。

我认为英国的研究生学历也是近几年国内才承认的,以前都不承认的,一年的研究生,含金量可能会被质疑的。

我明确表示,若是去学一门技术,我赞成,学管理我明确反对。任何一个行业,都必须先做专业,再做管理,没有专业的管理是非常虚的东西。而且学管理是有时效的,很多人5年前读的MBA都羞于启齿。历史上最成功的MBA教育是绵延一千多年的科举,让中国所有的官员都有了交流的共同语言,MBA就是让所有企业家有共同的对话语言,但是国外的管理有个本土化的问题,问美国企业家"企业的目标是什么",10个会有10个说股东利益最大化。但是在中国,差异很大,个别企业的目标有的是为了领导晋升,有的是为了做大了上市,也有的是为了活下去。中国的MBA教育从某种角度说,是失败的,因为本土化出了问题,很多东西是上不得台面去研究的,到美、欧学的屠龙之术无法本土化。

要去学不如现实点,"把你爸爸的几十人的企业管理好,试试看"。小朱也提了他碰到的几个管理问题,我说,这些问题,在管理学中一定会有很多案例去解决,可以去查找,碰到问题、解决问题就是最好的学习。

3. 职业定位

我首先批评了小朱学习与实践的脱节,让他做个简单自我介绍,他介绍不到要点,最后是我问一句,他答一句,这怎么可以! 叙述任何事情,时间、地点、人物必须要讲清楚,也就是英文中的几个"W":When , Where,Who,Why,这种自我介绍嘛! 叫什么,哪一年出生,身高多少,哪里毕业,做什么工作是要讲清楚的。

我特别批评了他自称自己没有工作,我说这怎么可以呢? 应如实地说,在家族企业里做学徒嘛! 这是最好的工作了,古时候,太子是工作吗? 做儿子就是工作,还是国本,太重要了! 一般人哪有机会在家族企业当学徒呢?

"别小看了你爸爸,任何一个行业,能做到上海的前几位,都是非常了不起的,我们做了这么多年,也没做到上海的前十位啊,你爸爸可是前三位啊! 你做了试试看,父辈搞好一个企业花几十年,儿子败掉一个企业,几年就够了。你看上海的绑扎公司,每年多少家开张,又多少家关门! 人家都不足够聪明、能干吗? 企业交给你,你是海归,你爸是初中毕业,你爸能做得很好,你认为你能做得下去吗? 早着呢,你要学多少年,才能达到你爸的层次?"

"到办公室做白领才是工作,天天跑码头就不是工作?"这认识要转变了,世界上没有不好的工作,只有不好好工作的人,三百六十行,每一行的前几位都是非常了不起的,都能赚大钱。小朱是很聪明的,一点拨就明白了。

要有接受现实落差的勇气,比我们年龄大些的人,也包括我们,读高中就是精英教育,但是高考考不上,大多只能回去面朝黄土背朝天种地,那心理落差是相当大,但也必须接受。

"你从海归变成穿着脏兮兮工作服的绑扎工,一定会有巨大的心理落差,想通了,挺过去就好。"小朱倒还好,他也提及他从船上下来,穿着工作服,公交车不让上的经历,倒还坦然面对。

4. 超越父辈,关键在于打好基本功

"我反对到国外读管理,并不意味着你不要学习,你要超越父辈,必须要打好专业基本功。"了解到小朱在高中时学过物理、化学、地理、历史,这非常好。

"你爸只知道人家叫怎么做就怎么做,但是你必须要知道为什么要这样做,大副的专业必须学到手,才能与大副对话,加之你语言过了关,超越父辈完全有机会。"

我列了一个书单,包括《理论力学》、《船舶货运》、《航海英语》、*THOMAS' STOWAGE* 以及"四书",能在半年到一年内读完就很了不起了。

要求小朱至少到舱内做绑扎工半年,与别的绑扎工一起同吃同住同劳动,拿两百多块钱一天的工资。劳动改造人的世界观是有一定道理的,作为父母肯定舍不得儿子吃这么大的苦,但是,"你要坚持去,他们内心会高兴的。没有扎实的绑扎工人基础,日后你怎么知道绑什么东西需要多少人工,多长时间,耗用多少材料呢?怎么报价呢?"得吃大苦,因为舒服是没有尽头的,同行中一个老板,没舍得让儿子吃绑扎工的苦,安排开开车,后来开车也嫌苦,儿子接不了父辈的班,父亲退休,公司只得关掉。我本人也是长时间做水手,还做过二等水手,若没这基本功,后来做大副、船长会受到影响。小朱对此很认同。

### 5. 如何做好专业工作

人生是个长跑,抢跑是没有用的,现在不要与人比什么,要到四五十岁时再去比,孔子说"四十五十而无闻焉,斯亦不足畏也已",人到这个年龄才会定型。

不要与人比吃穿,孔子说:"耻恶衣恶食者,未足与议也","你从小一定听老人提起过吧,衣服整洁就行,吃饱就好",孔子的这些思想都已沁入中国人的心灵。小朱表示都听说过,经我一解释,豁然开朗。我提醒,现在是谈对象的年龄,名牌服装还是必需的,小伙子出去必须要精神。

学习社交、做领导、拉关系等技术是没有用的,人只有把自己本行业的工作做好,才能获得人的尊重,别的都是虚的东西。

世界上这么多行业里面,没有夕阳产业,海运业有几百年了,是夕阳吗?绝不是!绑扎也是一样,固然上海港不重视件杂货生意,有走下坡路的趋势,且不说若干年后,上海众多私人码头是否有商机重新发展起来,中国那么大的制造业,怎么可能不出口?上海不出口,周边港口市场不变得更庞大吗?届时看你去开发了。

### 6. 恋爱成家

我提醒小朱:"尽管你只有 24 岁,但是你已接近晚婚年龄了,人生最重要的事情是什么时候就做什么事情,不可错过,该结婚成家,就必须成家、生儿育女,人口生产与物质生产同样重要。"

中国古时候,婚姻与爱情是没什么关系的,婚姻必须门当户对,乡绅可以纳妾的,不过妻与妾的地位差得太远了。我国台湾省有好些"老人"还纳妾的,王永庆就是如此,王永庆的财产,有一半是大老婆的,是夫妻共同财产,妾则没有,但子女都有份额的。

现代社会必须要有爱情，一定要爱一个人，才可以娶她。别看世间女子多，适合自己的其实并不多，自己要分辨清楚。我举出我找对象时，我父亲对我的要求：一是身高不低于 1.60 米，二是年龄介于小我 4 岁到大我 1 岁之间，三是不得有狐臭，四是不得是护士等服务性行业（我当时跑船），我自己再加上一个必须是重点大学毕业，这样一来，选择余地就非常小了，因为我们那时女大学生非常少。

我提醒小朱，对长相不必有过多要求，没有自己接受不了的缺陷即可，任何美女都会审美疲劳，任何丑女看习惯了就好。孝顺、贤惠最重要，婚姻对人的一生太重要了，甚至决定着你事业能不能成功。

小朱提及有过恋爱，但都分开了，我鼓励他有机会重新拾起。但没告诉他，二十几岁结婚，才有结发夫妻的情分，三十几岁就淡多了。

后来，我给老朱打了电话，叫他安排儿子做绑扎工，小朱同意了。老朱很感慨，说我讲一句抵他讲十句也不止。

▶ 为国建言

## 航运业扶不起来了吗 ▶

**2013 - 04 - 28**

最近有人来调研扶持航运业,也认为行情很糟糕,能拿出的方案也很少,只能拿出点钱来鼓励拆船。类似政策以前出过,拆一条造一条才能拿到补贴,可能会有些调整。我们只讲了取消强制理货——这是航运业不景气的众多原因中相对重要的一个,存在的问题该讲还是要讲。

其实,怎么是无药可救呢?以前交通部的三大支柱——中远、中海、长航全陷入巨额亏损,在此面临生死存亡之时,广大民营船东更是处于水深火热之中,其实在谁先"死"问题上,是大有讲究的。无非是两条:一是涨运价,二是节省成本。

运价是不能再涨了,尽管低运价把船东压得叫苦不迭,但是在中国出口面临巨大压力的情况下,涨运价会削弱中国出口企业的竞争力。

节省成本是大有可为的,把不该船东缴纳的钱还给船东,把不该降低的效率提升起来。

以一万吨左右的外贸杂货船为例,中国的港口使用费是韩国、新加坡、越南的一倍,是日本的一倍还多,与俄罗斯相当,但俄罗斯油价又十分便宜。使用费平均要高5 000美元每艘次左右。一年20艘次就是100 000美元,还给船东的话,船东就不要任何救助了。

具体措施包括:

1. 取消强制理货,打破各个码头画地为牢强制理货的现状,以海关关区为单位,像船代一样,审批若干家合格的理货公司,使之充分、自由竞争,由船东自行选择服务优、价格廉的理货公司,费用一定会降到一个零头。

2. 开放全国的拖轮市场,取消所有海事处、海事局发的涉及用多少条拖轮的红头文件,改革开放30多年,有形的手已伸到用几条拖轮这么具体而微观的事情上来了,这个手必须斩断。让所有的拖轮参与竞争,一条拖轮也可成立一家拖轮公司,由船东选择雇佣。有人说,这样权力就集中到引航手身上了,是啊,引航员本就是高薪职业,是能管得起来的,长江引航都管得大有进步了,没有人不为自己饭碗着想。有人说,很多拖轮公司会倒闭,那谁让他们超前投资的呢?人家只要绿皮火车,你非要人家享受高铁待遇。

3. 打破浮吊画地为牢现象,让浮吊充分竞争,某港有几十艘浮吊,但是能到港务局码头作业的仅两三艘而已,使得浮吊费用居高不下。

4. 港口劳务充分市场化,降低装卸货费。随着人民币的升值,中国大陆的装卸费已与日本看齐了,竟然远远超过韩国、新加坡、我国台湾省、中国香港特别行政区这些发达国家和地区,更是印度尼西亚、越南、泰国这些发展中国家的数倍。服务还差,最近中国从南到北都压港,一个主要原因是没工人,应由市场来协调港口间用工。码头工人某个区域内服务,比如江浙沪所有港口,灵活调动,一定会提高效率,降低成本。

5. 降低对船员的不合理收费,在不减少船员净所得的情况下,降低船东的人事成本。历史上海员是个很强大的群体,香港海员大罢工是写入历史的,现在海员是绝对的弱势群体,应简化不必要的行政审批,包括办出境证明、海员证、各种适任证书,应减少过多的强制培训。

6. 放开船用燃油市场,降低油价。既然是免税油,为什么船用燃油价格比从俄罗斯买回来运到中国贵?没有低廉的能源,就不会有国家的超强竞争力。

7. 加强海关对船舶备件的低廉、快速通关服务。因一个小备件的通关,影响船期,绝不该发生。应向管理先进的国家学习,海洋国家都该这样。

8. 取消出口商检,出口商检很奇怪,难道不出口,就不该商检吗?把出口商检的钱,还给货主,货主增加点运费比什么都强。

9. 砍断卫检乱"消毒"的手,好多地方卫检成了卖药的,价格比淘宝上不知贵多少倍。

10. 砍断海事在船东身上"乱摸"的手。没人收垃圾,照交垃圾费,收费标准早已与国际接轨了。港建费、大件咨询费、论证费、清油污协议费等,用了纳税人的税,就不该再收船东的费。

11. PSC 与 FSC 检查绝不该放任,预防检查沦为个别部门敛财的工具,对个别海事部门应严加看管,任何人只要收任何财物都必须开除。严格检查比例。增加 PSC 检查在国内的司法救济渠道。允许船东对海事局提起行政诉讼,海事局要对不适当滞留承担民事责任。

12. 砍断海事在海事救助上"乱摸"的手,中国的海事救助费用之高,令人咋舌。直接影响到船东的保险费率。要有司法救济渠道,对海事的不恰当指挥,海事局要承担民事责任。

13. 中国作为船东大国,除了官办的中船保外,竟然没有像样的船东保赔协会!每年船东要交大量的钱给英国、澳大利亚的保赔协会。而这些协会仅是皮包公司而已,前些年破产的南英保赔协会,直到破产时才被发现,注册资金只有 25 万英镑而已。

14. 对融资租赁公司的暴利要有限制,在我国台湾省,船东造船、买船资金成本仅为 LIBOR 加 1,在国际上 LIBOR 加 3 就已非常高的情况下,国内的融资租赁公司普遍的美元利息为 LIBOR 加 6~7,人民币利息约为 LIBOR 加 11。这么高的利息,船东不可能存活。结局将是融资租赁公司以极低的成本成为船东,使抢劫船东成为合法。

15. 降低海事法院的案件受理门槛,让船东打得起官司,不仅是诉讼费,还应降低保全、银行担保费用。对船东的诉讼请求,特别是国外仲裁胜诉的国内执行,要切实做好法律规定分内的事。

# 海运业健康发展万言书 ▶

**2014－10－10**

国家认为,海运业已过度开放了,但行业内部又没有感觉到,社会各界对海运业现状的认识矛盾重重。

我认为，还是要对涉外运输完全开放，特别是对内开放，从而把企业的物流成本降到国外平均水平，即在现在的基础上，将物流成本减半！

对内开放听起来抽象，打个比方就形象了：哪天个人成立的理货公司可以到处理货；个人买条拖轮可以到处服务；个人组织装卸工人今天到上海装货，明天到天津装货。

这就是对内开放！

中国的海运从行业面到政策面都有许多急需改进的地方。中国跻身航运业强国仍任重道远，且有一系列问题需要厘清。

1. 航运业该不该救？

航运业经历了好几年的低迷期，部分企业一度陷入困境，那么国家该不该出手救助这些企业？

我认为，有死才有生，救竞争力不强的企业是对有竞争力企业的不公。

就像上海街头的饭店，每年有 30% 关门、30% 开张，并没有人来救餐饮业。海运业亦然，该倒的就该让它倒，甚至我还盼望着它倒，它倒下，我可以赚取合理的利润，省得不好的公司在市场上赔钱抢份额乱搞一气。我关心几家海运上市公司的报表，明摆着好几家早就资不抵债了，中国远洋我吃不准，但有部分上市公司一定是这样的。

该破产的不破产，就会导致该破产的公司继续存在，进而把很多好公司也搞垮。

2. 中国为何难有一流物流商？

在国内占据重要位置的中外运在国际上排名靠后，是什么原因导致中国企业"外战外行、内战内行？"

我认为是法律环境使然。

我个人在工作中发现一个规律，日本与德国的一流公司物流要求最高，货物的包装简直不惜代价。我作为船东都认为包装到了浪费的程度。当然，运价也是到位的。次一等的是一些欧美大型物流承包商的，货物外面也有包装，包装也不错，大多坚持装舱内。我感觉，做得最不到位的就是发货方和收货方都是中国企业的货物，能裸装的绝不给加个包装，只要便宜，随便叠，随便放，运坏了，敲敲打打还能用。

时常听到石油国企某个油井关键设备运坏了，多少个月不能开工，损失几千万元云云。也听说四川一家大石油设备制造商价值数亿的设备被运得报废。

为什么会这样？因为优质服务没有溢价，劣质服务不需要承担责任，完全是劣币驱逐良币。2008 年之后，由船东市场转变为货主市场，设备制造商发现物流也能发财。部分在国外注册的皮包公司以国外大公司名义拿到项目，再以尽可能低的价格转包出去，一旦有事情，都是大事化小，小事化了，遇到大到化不了的事故，也是旷日持久的官司，存在四五年的公司本来就不多。试想，物流总承包商是以利润最大化为宗旨的皮包公司，谁会去关心服务品质呢？所以经常看到不堪入目的包装和满舱满载却无利可图的运价。有了这些劣币，当然没有正规物流商什么事情。

物流不上一个档次，也制造不出高水平的产品，若这种状况不加以改变，中国企业只能替国外企业打工。

3. 物流成本为何居高不下？

据说中国物流成本占GDP的18%～20%，远超过欧美日8%～10%的水平，为什么中国企业花了这么多钱，得到的服务却不令人满意呢？

我认为，钱没花在该花的地方，制造商被逼得只能因陋就简，否则就得赔钱。各个环节积聚起来，可不是一笔小数目，而船东、车主又没赚着钱。

港口装卸费、港口使用费昂贵无比，上市港口普遍赢利不菲，一个港口吞吐量2亿吨，赢利6亿，相当于3元钱/吨。

装卸费率几十年不调整，制约了很多产品的出口，几十年前，超过5吨就算重大件，今天也一样。25吨的热卷，装货费达80多元一吨，这还是优惠价。一个卷钢，一拎一放，几分钟，装货费2 000多元。

某港口对罐子加倍收装货费，只要带轮子的、带履带的都算车辆，后来又规定小艇也算车辆，这合理吗？

本来港口业可以做成稳定就业、稳定营收的长期产业，但是领导三年一换，急功近利有时成为一种心态。货主、船东大多是分散的、议价能力差的"苦主"。改革后，反映到港口局、物价局，说这是企业行为。码头随便发个传真，说涨价了就涨价，有的港口装货费比马尼拉贵十几倍。船东又不傻，只得次次叫代理报价，社会交易成本提高。

4. 航运服务竞争力如何提升？

只有广泛接受全班轮条款，制造业才会上一个档次。

这个观点比较难理解。就像提单一样，到个别人手上做就变了样，清洁提单、倒签，乃至预借，岂不知到欧洲100票清洁提单会有100个索赔。有人会说，差不多就行了，谁能做到货物装上船完美无缺？

日本人能做到啊！装一船钢材，你就是挑不出一点问题，想打批注都找不到借口。

做班轮条款就便于厘清各方面的责任，货到船边是什么样的状态做如实记录，后面就是船东想方设法保证货物品质了，国际上通行的船东互保协会的游戏规则与这是配套的。班轮与舱底条款的区别绝不仅仅是费用的结算，还有责任的划分，所以常见欧洲大物流商与我签订班轮条款，但是又另签一份委托，要求我们代结装船费。这就是厘清责任。

港口远远没有做好作为船东雇员的准备。装货过程中若有货物损坏，常说的一句话就是"我给你修"，赔是不赔的，货运走的话我既不修也不赔。货主只求早点把货物运走，赔偿也就不了了之。

曾经装过很多次日本三菱在国内采购的船用设备，要求非常苛刻。日本老头说："我们要将最好的货交给客户。"上海灰尘多，装好货后，老头子拎着水桶，爬上爬下把他的货擦得干干净净，我除了敬佩还是敬佩。

5. 港口费用为何居高不下？

全国没有哪个港口比黄浦江复杂，但几乎所有的港口拖轮费都比上海港贵，有的贵很多倍，比如宁波、日照、京唐及曹妃甸。一条一万吨的船，每次拖轮费都超 1 万美元，相当于一吨货 6 元人民币的成本。

这些港口设施都相当超前，购有大马力拖轮，封存小马力拖轮，阻止外地小马力拖轮进入。有的则赤裸裸地违规收费，比如某港口接送引航，当地就加收 50% 的拖轮费。大家的拖轮都要生存，以地域来垄断的局面必须打破，对内开放，充分竞争。

对企业来说，另一项费用来自救助拖轮，名义上是企业之间协商的结果，但实际并非如此。从个人经历来看：一条 4 000 马力拖轮干了几个小时，船东付了 300 多万，若不是船上有我的 13 万美元的油，要我分摊 2 万多美元，可能我不会过于关注这一块。拖轮干几小时，船东的小半条船"送给"他了，货主的小半船货也"送给"他了，我的油也送了小半儿给他。

船东的这些付出是由中国的企业共同承担的。

6. 强制理货为何不取消？

强制理货建立于二十世纪五六十年代，时过境迁，到今天依旧采用已经不符合实际。比如袋装货，每吨理货费 3.45 元，加上加班费基本要每吨 5 元，过去一吨货有 20 小袋，今天基本都是吨袋，费率却依旧不变，过去点 20 包收 5 元，现在点一包收费 5 元钱。

我有条船的吨袋装的是氧化铝，装货港根本没有理货，按水尺质量出的提单、舱单。船到某港口卸货，申报的也是散货，理货公司不请自来，声称这是件杂货，法定理货的货物。

其实中国外轮理货公司在各地理货公司中只占 13% 的股份，当地港务局占 87% 的股份。记得 20 世纪 90 年代，理货公司还强调一点服务，为船东服务；现在，服务没有了，有的只有收费的权力。

对比来看，越南先前也是一家理货公司强制理货，约 10 年前，放开了，现今理货费只有先前的约四分之一，服务很到位。

**7. 地方法规有多少不合理?**

最近据说有个港口城市出台了一个政策,要求船东增加软件、硬件配备以满足安保方面的要求。文件我没见着,但听说保安体系要重做,要指定的公司做,还要配置些硬件,进入交通运输部的一个类似船讯网的平台,做个体系据说要价 4 万元。

地方管理能力良莠不齐,有的地方发个文件就是立法。作为企业,即便是央企也只得乖乖地执行。比如多年前,某海事处发个文件,说除液压舱盖外的舱盖上不允许装笨重货,几十年前交通部规定的 5 吨以上算笨重货。我曾被迫吊下已装上船的 50 多吨的重件,损失 30 万元。

**8. 为什么没人静下心来做研发?**

我曾见过上百台国产船吊标明 30 吨,不知有没有真正测试过 35 吨负载(试验负荷要加 5 吨),但实际应用中,吊 20 吨货物都费劲,1 年后基本都降为 12 吨。然而没看到哪家吊机生产厂家为此承担民事责任。我看到船吊在美国趴窝,花巨额资金请美国浮吊的。回到国内再把船吊全部割掉换国外品牌,损失可不是一般的巨大。

液压件不过关,有的甚至达不到日本 30 年前的水平,这是业内共识,为什么没人做研发呢?

我猜想,花了巨额资金投入研发,竞争对手只要花钱挖几个骨干过去就可以开张。如果起诉侵权,则要到被告所在地的法院告,成本过于昂贵。

**9. 码头应该如何运作?**

与韩国、日本、新加坡、我国台湾省以及大多数发达国家和地区一样,码头不该养工人,养了工人就与养船一样,维持成本非常高,业务不好时,工人要养着,难免要裁掉一些人,一旦来了业务人手又不够,港口间调剂未必及时。

应该码头是码头,是大家都可以利用的公共资源,装卸工由不同的装卸公司负责,可以根据码头的业务量,今天在 A 码头做,明天在 B 码头做,这样才能人力资源配置最优化。当然,中国码头养门机费用不菲,可以配置司机,另行收费。

**10. 港口淡水费为何贵?**

淡水报价可以看出一个港口的良心,很多港口放任码头上的淡水管线锈烂也不愿修理,供淡水只得用水船,几十元一吨淡水,而水船经营又没放开,取得各口岸单位的许可,成本可不是一点点。如此简单的一个事情,难道仅仅是因为没有海员工会为海员争取权益吗?不是! 港口不想提供公共服务功能了。

几十年前连云港为了外轮供水,搞了个很大的饮水工程,惠及市民,只能说那时的管理者还是有良心的。

**11. 铁路难道真与汽车一样的运价?**

洋山港建成时,没有铁路线,我惊奇铁道部为什么放着这么大的生意不做啊,后来罗泾码头建成时又没见铁路线,也就不惊讶了。看到有的用铁路发来的货,先到上海何家湾车站再短倒进港口,成本巨大,毫无竞争力。据说铁路的集装箱报价与卡车差不多。

整个世界第一大港,只有两根细细的铁路线通向军工路与张华浜码头,而且还难得一用,记得我上次装铁路发的货还是几年前。

这颠覆了普通人的常识,是我所不能理解的。这无疑进一步加剧了中国的物流成本。

一直在想,若远在安徽滁州的天大钢管厂,能用铁路直接发到上海码头边,短倒也不要了,直接拎上船,产品质量又能保证,会不会在国际市场上更有竞争力呢?

12. 地方政策是否制约着航运业的发展?

据说虹口区政府多次找业内人士谈怎么促进航运发展,几年前就有人指着区内没盖好的甲级写字楼说,促进航运发展,真是小菜一碟,现在最不缺的就是写字楼,写字楼里的人也容易找,缺的是专业人才,如何吸引到专业人才,很多地方保护政策是制约这方面发展的。如广为诟病的上海居住证最清晰地说明了这个问题。

航运业中,无论哪个部门,大多数公司主力都是船长、轮机长出身的有着海上十多年经验的专业人员,他们早年毕业于南京海校、集美海校、南通航校等,都是千军万马过高考独木桥考进去的精英,当年高考全国只录取 40 多万,有的是三年制的,非现在个别混三年、大四找工作的本科生可比。然而他们在上海办不出居住证!卡在学历上,有时,我很茫然,真不知道上海的政策到底想吸引谁。我周边好几位就是孩子在上海读完小学,送回江苏读初中,还有一位,搞了个 MBA 办的居住证。

公司总经理都办不出上海居住证。还有一位我的仁兄国航系毕业多年,业务相当了得,为了一个中级职称,要考两门公共课,其中一门政治,考了四年没考过。孩子马上读初中了,一脸无奈。


# 国企改革必然要回到《大学》上来 ▶

**2014 - 10 - 23**

《大学》是一篇两千来字的短文,是"四书"之一,近千年来读书人视为治国平天下的圭臬，可见其重要性。古代考进士虽说要考四书五经，实际只考四书，基本不出五经的题的。

洋务运动之前是没有国有企业这回事的，传统上农田租税归大司农收，充当公费，山海池泽之税属少府，专供皇帝私用，这种做法维持了数千年。当然后来来自山海池泽的盐、铁收入超过田租税了，才有了很多改革。历史上有过盐铁官营，但总的来说没成气候。洋务运动搞官督官办，也有其一时的合理性，经过很多次演变为官督商办，代表如盛宣怀，绅领商办代表如张謇等。

历史发展有时有很多相似之处，改革的设想也有时一模一样，想搞混合所有制，为什么不一下子转到搞"绅领商办"上来呢？两个甲子，再走一个轮回。

但如张謇一样，"绅领商办"也许也行不通，"商领商办"是未来的方向。

# 对《关于加快航运服务业发展的若干意见（征求意见稿）》的意见 ▶

**2014－11－13**

### 关于第五条：

不是积极发展的问题，而是如何保持吸引力，想办法减少人才流失，不能否定问题的存在。

国家间实际已面临着抢年轻人的竞争问题。

涉及国际航运的产业都是全球开放竞争的，相关从业者是用"脚"投票的，不仅需要硬件平台，软件平台更为重要。比如，企业不想与任何政府机构打交道，但是政府机构又不断地上门来服务，中国人可以理解，但是外国人会害怕的。要允许自由成立企业间协会，由协会充当企业与部门的中介，否则各式各样的"文件"只会削弱国家的软实力，加速产业的逃离。

充分利用上海自由贸易区，港口管理十分谦逊地模仿先进国家管理模式作试点。自贸区内，开放理货市场，由海关对申请理货资质的公司进行评估，符合条件的发给执照。允许船东自由在中国港口内雇用拖轮，甚至自由雇用装卸公司，打破港老大的垄断，加强中国的竞争力。

### 关于第六条：

航运企业的信用非常重要，特别是在国际航运领域，做的就是名声，数百年来国际上有着完善的信用调查机制,这本就是民事行为,掺和进不正确的行政行为很难把握尺度。一者可能花钱消除不良记录,二者或许会侵害企业商誉,三者很难想出超过目前国际租船业调查信用的方法。

企业按法律充分竞争即可,对于垄断经营、不正当竞争,应建立起承担民事责任的机制。

**关于第七条:**

游艇业放给体育局管理是最恰当的,当成商船来管理是发展不起来的,可以择地试点嘛!

**关于第八条:**

航运业其实已大批走出去了,有的已有相当规模。比如青岛 WINNING SHIP-PING,在国外就有大量铝矾土矿山、装载平台、大量的浮吊,其自创了这种经营、物流模式,自己也制造了、经营了很多海岬型船专门运输铝矾土。还有很多民企,在国外有大量的物流投资产业,大多很成功。

航运业走出去,需要的是对企业的领事支持。

**关于第十条:**

南英保赔协会破产时,我才惊奇地发现其注册资金只有 25 万英镑。凭着一块牌子,曾做出过多大的产业,差一点就成功了。

中国有国际保险业一流人才,在伦敦、纽约等金融中心做过高管,也愿意为国效力,他们忠诚、爱国,可以为国家搭建国际一流的保险业平台,这样的人才,目前尚未进入到体制内,而国家是需要这样的人才的。

我曾看过有的政府主导的保赔协会,离了政府拨款看不出任何可持续的可能性。

**关于第十一条及第十五条:**

这两条可以合并。

法制的根本在于稳定,特别是涉及民事权利的法律,修法一定要慎之又慎,英国几百年前的法律仍在使用嘛!比如《海商法》再有不完备之处,我还是听到很多反对修法的声音。

中国有一流的海事法律人才,他们素养很高,个人很富有,也功成名就,他们在英国或者美国留学,有在一流的律师事务所工作的经历,几十年来一直在伦敦、纽约、新加坡、中国香港特别行政区从事国际仲裁或者诉讼工作。他们爱国,他们忠诚,他们愿意为国家奉献,他们已事业有成,身家富有。他们愿做法官,绝对有做好海事法官的素养,大多也有中国律师执照。这些人没有机会为国家服务,对国家是一大损失。海事法院不涉及刑事,不涉及政治,改革为何不能从海事法院开始呢?

**关于第十二条：**

一定要引导海员成立海员工会！对各种中介机构、行政部门，海员个人都是弱势群体，成年在海上漂泊，个人权利无从谈起。较多侵害海员利益的事情发生，目前是由海事局在维护，离开海事局的努力，海员的权益还要大打折扣。这是公力救济，还是要拓宽海员自我救济的渠道。

加强管理有扰民之嫌，比如细到要求外派公司有几百平方米的办公室，多少人交社保之类。在上海，哪怕一年派几千个海员，可能也用不到300平方米的办公室，写字楼很贵，会议室可以临时租嘛，为什么一定要自己拥有呢！

**关于第十四条：**

加强组织领导，要有所为，有所不为。

**关于第十六条：**

航运人才培养，重点不在高校，而在企业。不在国企，而在于民企与外企对人才培养的优化。中国不缺人才，问题在于人才如何为国家所用。

# 海员问题座谈会的发言提纲① ▶

**2015－01－13**

船员处通知我开会，我十几年没上船了，虽然多年前曾经参与买过两条船，也是我自己管的，但毕竟船员还是外包出去的。赶忙做个提纲。先前听过两家船员公司主管的意见，知道两次体检、海员纳税、外派公司资质会成为会议焦点，若别人提了，我附和也没意思。不如从雇主角度谈谈还能对行业有些许益处。

1. 船东应对海员社会化的挑战

船员的渎职给船东造成损失，该如何保护船东的利益？海事局船员处不仅是船员的船员处，也是船东的船员处。

航海是高风险的行业，发达国家的航运企业，对风险的控制是非常注重的。国内还是有些船东希望控制风险，否则难以出现百年企业。国际上对船员责任有着系统的风险控制，船员闯了大祸有保赔协会处理，再大有刑法惩罚。但是刑法的责

---

① 本文系作者参加2015年中国海事局船员处在青岛召开的船员问题座谈会上的发言

任与行政法不是一回事,破坏生产给船东损失了 5 万元要负刑责,但你渎职,海事局处罚船东 5 万元,船员居然什么事都没有。

这个问题该如何解决?官方还是民间主导?

官方在对破坏海洋环境的责任人员进行处罚的同时,相应主管人员也要进行处理,而且让所有船东有据可查。我认为更多该民间解决,菲律宾就有完善的船员评价体系,做坏一家,在市场就很难生存。

2. 理性面对一线海员短缺问题

15 年前我做大副时就认识到,优秀技术工人是宝贵人才,但现实中完全不是这回事,工资还比不过保姆,导致一线海员流失严重。这些年一线海员职业不再是一个体面的工作,引入外籍劳工是趋势,日本 30 年前,韩国、我国台湾省 20 年前就大规模引进外籍劳工。尽管我一再呼吁水手职位对国家太重要了,但收效甚微。

我国移民制度较严格,在制度没有改变的前提下,扩大外籍普通船员培训、发证是个方向。

国有大型企业对一线海员的培训在这十多年里是缺位的。

3. 三副往二副换证要严格管理

一条船只有一个三副,资质要求要么取消,要么严格执行。据说花一两千元就可以把实际做水手的三副资历换为二副。这侵犯船东利益。因此造成二副不适任,主管机关该不该承担民事责任?严苛的制度虽可寻租,但若承担民事责任,看谁敢不重视!

4. 要建立廉价的服务机制

欧洲经济问题中,德国相对影响较小,就是因为德国注重企业的竞争力,为求廉价甚至都没怎么规定最低工资。海员外派机构也应如此,减少成本是多方面的,包括营业面积、多少人交社保等都是不必要的制约。愿意自由就业的船员,没有必要一定成为公司人。

5. 要由官方或者民间主导建立海员数据库

持适任证书是职业的最低要求,工作中的学习仅靠口耳相传难以发掘相关人才,特别是外派人才。比如,重吊船,个别船员闯了很多祸后,被迫换成菲律宾船员,他们由一直做重吊船的人来做,事故发生率小很多。船长业务每条船大同小异,但大副、水手、水手长业务则千差万别。

# 关于自贸区与航运中心 ▶

**2015 – 01 – 17**

1. 搞航运中心的目的是什么？

为税收？为 GDP？好像都不是。中国境内的服务产生的收入要纳税，各地建航运中心的目的显然不是为了国内运输，而是为国际运输。然而出口货物跨越船舷之后的服务不属于中国政府征税范围，是进口国征收的。中国又不征收运费税，进口货物价格里含的运费是交纳增值税的，你建不建航运中心，这块税收本就少不掉。为 GDP 也不靠谱，出口离开船舷后产生的产值本就不算中国的 GDP。

为了促进就业？航运业的民工倒不少，他们大多进了货代公司做单证。两三百人的集装箱货代公司不算大，工资也不高，对就业的意义也不大。

2. 搞自贸区的目的是什么？

自贸区不搞成治内法权（与治外法权相对应），没有意义。

自贸区存在的目的应是照搬成熟的市场经济制度，并探索全国推广的路径。

3. 要直面国际航运业在国家间用"脚"投票的现实。

国际航运提供的服务全部是在中国国境之外，所以做这块生意可以在世界任何一个地方做。中国出口货绝大多数为 FOB 定舱（外方派船），进口货越来越多为 CNF 定舱（外方派船），连买巴西、澳大利亚矿都大多成了外方派船。失去航运控制权的对外贸易，风险如何足以写成长篇巨著，国内贸易企业只能沦为国际航运巨头的附庸。

也许有人在为上海港的巨大吞吐量及数十亿的利润沾沾自喜，然而这更多是来源于地理垄断，竞争力的提升未显现。

4. 自贸区金融怎样搞？

自贸区金融怎样搞？改变当前的司法现状是前提。

我无论如何想不通，海事法院不涉及任何刑事案件，所以不存在刀把子的问题，也很少涉及行政案件，基本都是平等主体之间的民事案件，为什么就不能把裁定权交给法官？本以为自贸区是契机，因为中国不缺能成为优秀法官的人才，一些毕业于欧洲大学，打了半辈子涉外官司的法律精英，身家富有，心智成熟，经验丰富,也愿为国奉献,年过50也不想在一线做律师拼搏了,愿发挥所长做裁决,但这条通道却没有畅通。

5.资源配置效率亟待提升。

城市与港口的关系定位严重不清,港口与城市可共生共荣,且不说欧美市民还可以茶余饭后到码头散步,国内连青岛码头也是在城市中心,干干净净的码头让人印象深刻,我们去机场怕堵车还绕到码头里面走。上海竟然说件杂货效益不好准备放弃,这是港口装卸业中对工人技术要求最高的行业,上海做了一百多年了,放弃容易,等重新再捡,捡得起来吗? 何况做集装箱,谁能保证一直赢利? 做件杂货倒是赢利一百多年了,只是有时利润很微薄。

急功近利的 GDP 与吞吐量考核会使城市误入歧途。

码头投资本就是投资大、回收期长的行业,一个码头建成至少要用 50 年,然而宝山码头只用了 14 年就废弃了,说是要搞房地产,浪费了 30 多年的资产使用期。

# 农业社会与发展经济 ▶

## 2015 – 02 – 24

家乡的老屋是一幢1988年建成的两层小楼,当时楼房还为数很少的,一千多人的村子,我们家是第三户盖楼房的,加上盖厨房人工费才2 200元。当时的水泥质量也不过关,1/4世纪过去,好些地方剥落,阳台还有点下挂。尽管浇了混凝土墙箍,用的还是楼板,有个五级地震估计就差不多了。

中国古代,一直是土地私有,尽管有普天之下莫非王土之说,那只是名义上的,民国以前理论上,连人民的生命都是皇帝的。中国又不像欧洲,教会拥有很多的土地。1949年以前,皇权是不下县的,县以下都是自治的,由宗族、乡绅治理,乾隆以后,赋税很薄,县令很容易就完成税赋征收,所以主要工作还是放在审理案件上。《大清律例》颁布时是世界上最先进的法律,由一帮专业人士,也就是师爷们在执行着,1902年与伍廷芳一起修法的沈家本就是刑名世家,当然他父亲与他都中过进士。

农业社会没有在城里买房子的说法,讲究叶落归根,到北京办事都住在"宾馆",比如李鸿章住贤良寺,袁世凯住法华寺。当然有清代基本是枢臣不任疆臣的原因,也就是中央干部不得任地方大员,没必要在北京买房。打破是从张爱玲的爷爷张佩纶开始的,然后马江海战惨败。

古时候中国的文化中心是在农村,而不是在城市,所谓"耕读传家""礼失求诸野"等就是这个意思,很容易理解,生产中心是在农村,先生也是地主聘请的,与数千年的重农抑商的政治理念是一致的。城市多的是流民,也就是要饭的。

地价是很不稳定的,正常年份当然比较贵了,荒年几斗麦子就可换一亩地,看到很多资料有人在荒年得到很多土地,当然也救活了很多生命,卖掉地的还非常感激他给了二次生命。

现今,外向型经济已到极致,中国已成为世界制造业第一大国,然而内需只占极小的一部分。

如何扩大内需? 要让农民富起来。

扩大内需不仅是拯救农民,更是在拯救中国经济。

# 新时期航运市场扩大开放的政策研究项目中期评审会上的发言[①]

**2015 – 03 – 27**

1. 领导与企业家都要认识到,我国仍是海运业的发展中国家,与发达国家相比,尽管港口硬件方面有模有样,实质上各方面都有很大的差距,不仅是船舶技术、港口技术、管理技术、法律服务方面都是如此。脱离对自己的准确定位就会做出伤害行业的事情。

众多木筏可以捆成航空母舰的排水量,但是捆不成航空母舰。个别港务集团控股理货公司、轮驳公司、浮吊公司、船代公司、货代公司,阻碍竞争,这些子公司其实都很落后的,落后之处不胜枚举,成本控制方面差得太多,到经济下行时,都是负担,一家有竞争力的公司绝不应是虚胖的公司。

2. 若自贸区是要争夺石油、金属等的定价权,那约自由是无法逾越的槛,一条船,卖 1 元钱,在特定条件下也没什么不合理的,但是税务局也许会说:"你是不

---

① 这是作者 2015 年 3 月 26 日在交通部水运科学研究院召开的中期评审会上的发言

是想逃税?"过一段时间,某一方想反悔,诉到法院,很有可能会以显失公平为由撤销合同。

我认为,若不取消法院以显失公平为由撤销合同的权力,定约自由就是空谈。

然而现在法院审理合约纠纷的能力越来越弱。侵权是属地管辖,合约纠纷是可以选择管辖地的,甚至可以选择管辖法律,往往选择英国法,不一定是中国法律不好,而是中国法律有时判决不稳定,对违约的后果就没有合理、稳定的预期,相比较英国法就稳定得多,也容易达成和解。

廉价一定要成为一切政策的出发点与落脚点。中国企业在国际市场的竞争力越来越弱,因为国内成本越来越高,切实鼓励竞争、降低成本才有出路。周其仁最近撰写的《降低中国经济的制度成本》与我的观点相似。

新加坡、我国香港特别行政区一个人就可以开船代公司,韩国也可以,什么都是公开、透明的,国内靠泊,即作业、完货1小时内开航还做不到。抓船期从自贸区开始,地方港口局大有可为,要督促并公开不能及时开航的原因。

3. 企业需要稳定,政府服务一定要合理,民事冲突不要用行政处罚来代替。对企业干预,好事很容易变成坏事,船厂日子难过了,进出口银行放贷1 500亿鼓励造船,船造多了,国家补贴拆船,这其实对促进经济并没有多大意义。上海的商业环境还算不错,我们与官员基本不用正面打交道。

4. 港口公安局要成为保障公平竞争的一支执法力量,中联理货进不了港务局码头,岂不是咄咄怪事?港口公安难道不受交通部业务指导了吗?

5. 没有保险市场,保险经纪要5 000万注册资金,高管要中国籍,还要有中国从业证。

保险市场没有建设,航运金融市场也举步维艰,因为没有评级,成本也居高不下,流向金融租赁,那是高利贷性质的,是扼杀航运业健康发展的。

6. 试验区就该什么都可以试,因为规模有限不至于影响全局,只要碰到一点障碍就停滞不前,会使本来就不多的信心消磨掉。

7. 生产一吨钢材赚一斤青菜,生产钢材的与运钢材的都濒临绝境,只有装钢材的赚得盆满钵满。若港口使用费能与韩国、我国台湾省一样,中国大陆钢材的出口竞争力会增加1.5美元,相当于10斤青菜;若装卸费与韩国、我国台湾省一样,中国大陆钢材的出口竞争力会增加3美元,相当于20斤青菜。合作伙伴利润以青菜计时,某些公司炫耀利润多高就是不义之财了,也不能发展长久,港口硬性过剩时代已经来临,垄断延缓了来临时间,但会更猛烈。

8. 试问今天的自贸区的港口,其竞争力与高雄相比如何?员工工资与高雄差不多,我国台湾省研究所毕业两年,大多是3万多新台币薪水,合人民币六七千元,但是人家在高雄能获得一份体面的生活,房价只是上海的一半甚至三分之一,我感觉法制环境、税收环境比上海还要好些。

外贸运输的服务主要是在船舷以外提供的,这就决定着业务公司的地点可以放在中国,也可以放在国外,这是对全世界完全开放竞争的生意。我就思考了很长时间,公司搬到高雄如何,但是我们的员工怎么办,没有人感谢我创造了就业。

# 《国务院关于改进口岸工作支持外贸发展的若干意见》解读 ▶

**2015－04－21**

一口气读完全文,还是很振奋的,兴奋之余,有两点隐隐的担忧:离廉价服务更近一步了吗? 政令能够得到真正落实吗?

1. 强调了"切实减轻外贸企业负担"①

外贸企业负担重,严重影响了中国产品的出口竞争力,很多行业靠的是行业规模维持着竞争优势,一旦世界经济下滑将优势不再。

外贸企业负担里很大的一块是物流成本,拿件杂货来说,由于规模优势,纯海运费这一块,中国货主可获得更有竞争力的运价,因为有很多民营外贸租船公司十分积极地参与市场竞争。拿上海港罗泾码头来说,前几大船东均为成立仅数年的民营租船公司。这是个竞争残酷的领域,每年都有相当数量的租船公司被淘汰,年轻的中国租船公司面对的竞争对手很多是有着上百年历史的欧美巨无霸以及中远、中波等央企。

然而成本巨大的一块是装卸费与居高不下的港口使用费。

中国外贸装卸费率远超周边国家,有的货种,如热轧卷钢,装卸费率达到周边国家的数倍,甚至比日本还高。2014年底交通部发文取消了港口装卸货费率,要求包干费率,实施放开理货等措施,结果装卸费不降反升,涉及诸多企业巨额利益,面对业已成垄断态势的各个港务集团,仅靠行政发文来扭转是相当困难的,因为不可能倒退到计划经济时代。

---

① 第二条

欣喜地看到《国务院关于改进口岸工作 支持外贸发展的若干意见》点明了改革的方向："完善《临时开放口岸管理办法》，根据需求适当延长临时开放期限"，①引入更多的内贸码头开展进出口服务，定能打破港务集团地域垄断的坚冰。也只有这样，才能真正落实2014年12月《交通运输部 国家发展改革委关于放开港口竞争性服务收费有关问题的通知》。

2. 对港口来说，歧视外贸的做法有望得到根本扭转

数十年来，国内港口对外贸企业一直采取歧视性的定价机制，外贸装卸费是内贸的数倍。《国务院有关改进口岸工作 支持外贸发展的若干意见》中使用了"进一步规范""清理整顿"②港口服务性收费等字眼，与2014年底的两部委文件是一脉相承的。

只有更廉价的服务才能真正提升外贸企业的竞争力，才能真正"推动外贸综合服务企业加快发展，支持扩大外贸出口"。③

3. 港口劳务中介对民工的盘剥有望得到扼制

伴随着民工荒，码头工人的短缺越来越严重，对件杂货来说，港口人工成本占到总成本的60%~70%，码头大叹利润微薄；另一方面工人的收入又十分微薄，甚至比保姆还低一大截，码头招工难，常常招来10个，不到一个月跑掉12个，因为又带走2个。经了解，码头付出人工成本不低，但被劳务中介机构吃掉很大一部分，笔者了解，最厉害的劳务中介能剥掉工人40%的钱。对于这种现象《国务院关于改进口岸工作 支持外贸发展的若干意见》用了"坚决取缔依托行政机关、依靠行政权力提供强制服务、不具备资质、只收费不服务的红顶中介"。

其实，改革若更进一层，劳务中介机构可以改制成为真正的装卸作业队，到各个不同的码头作业，受船东或者货主雇用，在同一码头与不同的装卸作业队进行竞争。类似于上海港绑扎公司的竞争形态，正是由于绑扎公司间的竞争，使得上海港的绑扎服务水平在全国处于领先地位，费用比兄弟港口低很多。我曾对某港口管理者说："你的装卸工人有40岁以下的吗？你看，绑扎工不但有年轻人，还有二十来岁的毛头小伙子。日本也有很多小伙子做装卸工，不值得反思吗？"

4. 防止文件执行中被化解为无形，任重而道远

有的港口以签安全协议为由，阻止外来的服务机构进港、上船提供服务，这是变相设置行政许可。港口公安常常偏听港务集团一方意见，起不到维护公正的作用。由于有的港口公安不作为，在有的港口，发展十余年来，中联理货竟然无法进入港务集团有的码头为船东提供服务。《国务院关于改进口岸工作 支持外贸发展

---

① 第十八条

② 第三条

③ 第七条

的若干意见》中提出"推动适时修订完善与口岸执法相关的法律法规","营造稳定、透明、可预期的执法服务和营商环境"①的确切中时弊。

有的港口海关以到驳船上查验不安全为由，规定不得到驳船查验，这造成过驳作业无法完成。对于小件增加一次短驳还好，对于港口没有起吊能力的大件，有时不能直接用船吊卸到驳船，而码头又承受不住大件的质量，由此竟成为无解难题。

# "完善统一开放、竞争有序的水运市场体系建设"座谈会上发言② ▶

## 2015 – 5 – 28

这是一年多来我一直思考的问题，不仅看到问题，而且要思考在现有环境下，如何破解这个难题。发牢骚很容易，但解决不了问题。

1. 海员问题请参考《海员权益是海洋强国绕不过的话题》（见本书第 168 页）一文，海员女友登轮还是要恳请领导协调，家属若能很容易地随船，比多少个航海节都管用。

2. 强化港务集团基础服务。

一带一路战略离不开海运企业的强有力保障。广大船东、船舶经营人积极参与市场竞争，为走出去的企业提供了廉价的运费，向领导汇报：日韩航线、东南亚航线、中东航线、非洲航线、南美航线的件杂货运输，运价是中国人说了算，基本摆脱了欧美船东的定价权，民营船舶经营人功不可没。但船东行业性亏损如梦魇一般压在船东身上喘不过气来，与之形成强烈对比的所有上市港口板块企业全部有巨额赢利，成为地方利税大户。

身为船东，最强烈的体会是中国港口的港口使用费遥遥领先绝大多数国家，以 1 万吨的船装或卸一船钢材为例，中国港口使用费大体为 1.5 ~ 2 万美元，大致是周边除俄罗斯外国家的一倍。以 25 吨一件的热卷为例，装卸费是周边国家的数倍。

我们非常高兴地看到港口收费规则正进行有力的调整，占港口使用费最大头

---

① 第二十条
② 这是作者在交通部何建中副部长主持的题述调研座谈会上的发言

的理货费正允许引入第三家以及更多家理货公司参与竞争,有希望切实降低理货费。外贸装卸费部颁规则取消,要求包干装卸费,尽管各港口装卸费率均有不同程度的反弹,但改革是大势所趋。

港务集团也可以通过向新加坡、韩国学习先进管理经验,进一步扩大港口基础服务的核心竞争力,也就是提供码头基础、公共服务资源,各服务企业以此为平台互相竞争,有效地、切实地为货主、船东提供优质、合理价格的服务,包括理货服务、装卸、检验、绑扎等。待服务价格下降后,可适当提高泊位费,以理顺港口收费机制。

据了解,人工费用占到件杂货港务公司总成本的70%以上,甩掉装卸队这一块,由各企业自由竞争,港务公司可轻装上阵,装卸队也可以在各港口间流动,把大港口的优质服务带到小港口去。其实,新加坡、韩国、日本、我国台湾省都有成熟的经验供我们借鉴。

港口资源还可以进一步开发,打破数十年来歧视外贸的做法,内外贸统一收费费率,扩大内贸码头的临时进出口许可。有的港口,江这边的码头压港要压很久,江对面的民营码头晒太阳,就因为其无外贸资质。

3. 严肃市场竞争的保障机制。

某地中联理货的领导对我说,其业务进不了港务集团码头,是因为码头门卫不让进,那样第三家、第四家理货公司怎么办呢?

有的绑扎公司被港口拒之门外(未签安全协议)。以前我们还常带人去广州、青岛绑扎,因为即便加上运输费、车票费,也比请本地绑扎公司便宜,效率还高,但这一两年不行了,经常连港口的门也进不了。

我觉得港口公安局在保障竞争方面大有可为。

4. 很多港口,如宁波、日照、曹妃甸等,一万吨的船靠离一次码头,光拖轮费就达到1万美元以上,相当于一吨一块钱,船东不堪重负。在大到18万吨的CAPE、小到七八千吨的小船日租金都只有数千美元的市场下,拖轮顶一顶、拉一拉就收如此巨额费用显得太不合理了。

应理顺竞争机制,选择权应该交给雇佣方,不能给雇佣方设置障碍,引航员作为船东的雇员,可事先要求用几条多大的拖轮协助靠离泊,但不可指定用谁家的拖轮。我了解下来,新加坡是两家拖轮公司,由代理选择用哪一家,韩国的拖轮公司则完全是由代理选择,一条拖轮也可成立一家公司。

希望有关部门修正或者取消拖轮的计费规则,辅助作业时间按道理要交通部备案,但无从查阅。应给船东托底,即正常情况下,若港口没有小马力拖轮,计费马力不得超过船舶主机马力。现在拖轮主机全部是快速启动的耗用轻柴油的内燃机,备车时间很短,辅助时间应相应缩短,考虑燃油附加费倒是可行的。

去年海事局系统清理了所有的对拖轮使用的指导性文件,现在很多港口依然存在着很多类似规定,规定多长的船用几条拖轮,完全不考虑船舶是不是带侧推、风、浪、流的情况,拖轮的马力。有的规定连章都没有,有的是代理必须事前与码头签协议方安排靠泊。

试想全国没有港口比黄浦江复杂,但是几乎所有港口的拖轮费都比上海贵,若拖轮费改革,应以不超过当前上海水平为最高限价。

## 制造大国与制造强国的差距 ▶

### 2015－6－14

1. 偌大的上海,容不下一间平静的车间

太多船舶备件,进口货比国产货贵十几倍乃至几十倍,但多年下来还是买进口货合算。做制造业的都明白其中差距。

经常可见关键工作节点高价请欧洲师傅过来做。技术工人是宝贵的人才,这种认识更多的是停留在口号上,实际工作中,很容易忽略对工人技师的培养。

我说工人素质一代不如一代是有理论依据的,优秀技术工人成长是需要很多前提的,最重要的是,其本人要深深地热爱这一行。孔子说:“知之者不如好之者,好之者不如乐之者。”只有爱好才是最好的老师,不真正地爱某一行,很难想象能做好这一行。现在有多少年轻人大声地表示“我喜欢做工人”?这其中有父母的因素,不仅仅是在那个知识匮乏的年代,对百工的歧视也是有数千年历史的,多少优秀工人史上留名了呢?如北京历史上最优秀的建筑工匠,仅留下样式雷的姓氏,名字被大多数人遗忘。

拿我最熟悉的装卸工来说,可以说,现在上海港没有优秀的件杂货装卸工,我观察了十年,趁某港务公司遣散之际挑了两个最优秀的指导员过来做了很多年,随着老的一批退休,没有年轻人做装卸工,后继无人,导致现在离开了船东的港口船长装不了货。

造船厂不也是一回事吗?我有发小,从十六七岁就到上海船厂做电焊工,20世纪90年代初期与上海人同工同酬,当时大船厂的培训做得也很不错,工厂就在陆家嘴,水平做得甚是了得,后来还是离开回老家船厂里做了。

优秀工人很多是需要童子功的，与学历关系不大，大多工艺大师是没有学历的，若没有从小的浸染，很多行业是不可能做成优秀技工的。传统师傅带徒弟的方式是有其合理性的，技艺传承乃至文化传承是学校教育一种方式所无能为力的。

工人基本素质下降是这二十年来的趋势，大学由精英教育转变为大众教育的同时，太多有成为优秀技术工人潜力的人接受了通才教育。无论国内、国外，哪个地区前10%聪明的年轻人都是很优秀的，大学招生2%时，还有8%的年轻人有机会成为优秀技术工人，然而现在大学招生80%，读完大学，再反过来学技术，二十四五岁来学，已没有十六七岁时的灵气了。

当然，天赋是一方面，另一方面几十年的不断学习才是优秀技术工人成长的路径。然而偌大的上海，容不下一间平静的车间，让人如何几十年来不停地学习呢？工厂搬走了，随之失去工作的技术工人，转行做起了保安，开起了出租车。同事的孩子职校学完数控机床，发现上海几乎没有工厂，工厂都在外地或者很偏远的乡下。

我想说，把上海建成我国香港特别行政区似的环保孤岛也不现实啊！你不做，周边江苏、浙江求之不得，更何况日本最大的君津钢厂就在东京边上，一边进铁矿、煤炭，另一边出口高品质成品钢材也没有污染问题啊！问题是，你拆走了，再建起来是不可能的了。厂房可以盖起来，但是拢起同样的人才，没有十数年门儿都没有。但凡人才都是有点脾气的，三十多年前，宝钢、金山石化位置偏僻，若没有开创性的城乡一体化政策，使得远郊的待遇与市里完全一样，甚至更高，也不可能聚集起那样一批人才。听说宝钢要整体搬到湛江去，我"呵呵"了，现在的技术工人，哪怕在上海做保安、开出租车，也不会去的。"好马好人上三线"，只是历史的背影。

2. 基础研发滞后

国外船厂造船，越造越轻，国内很多船厂越造越重，新船下水营运不长时间，就问题重重，比如受力构件开裂，就加强，一道撑板不够就两道、三道，结果七八千轻吨的船，质量增加了300吨，损失的是20多年的载重能力与难以控制的造价。

流体力学基础落后，新船定型必须要在拖曳水池做拖模试验，某系列船下水不长时间，螺旋桨气泡腐蚀严重，也就是螺旋桨转动时，形成很多气泡，造成螺旋桨腐蚀，被迫采取加整流罩等一系列措施进行整改，代价巨大。验船师们高度怀疑这拖模试验是怎么做的，我则怀疑流体力学水平跟不上，从模型到实船差距巨大。

当然对流体力学的重要性，国际上一流船东也有很多误区。大型集装箱船的球鼻艏装了割、割了装都是由于水阻力与油耗、速度与油价的关系原因。无论是对，是错，首先做这事的绝不是中国人。

最让人无奈的是液压技术不过关，我用过至少100台国内某地产的船用克令吊，证书是30吨，船上用半年，几乎所有的吊都只能保证12吨左右了，这种事偏偏都让我碰上了。

基础研发是个漫长的过程啊！

### 3.教育的反思

就拿英语教育来说，全民从小到大全部学习一个岛国语言，欧洲大陆语言一个不会，而跑到欧洲大陆才发现不会一种大陆语言也差不多寸步难行，德语与法语还是很重要的。以前做海员时感到日本人英语水平还不差，大多会一点，直到去旅游时才发现绝大多数日本人基本不会英语，自己成了只会用手比划的文盲了。是不是可以放弃独尊英语的教育模式，广开多语种呢？

竟然连好些文科，如语文、历史还有标准答案！《论语》第一句"学而时习之，不亦说乎？有朋自远方来，不亦乐乎？人不知而不愠，不亦君子乎？"，历史上就有三十几种解释，孔子的72弟子都不知道孔子是什么意思。《论语》第一句都如此，遑论其余了。拿西方的语法来硬套中文的语法本就是可疑的，中国几千年来就没有语法这回事。第一本中文语法书还是马建中的《文通》，1898年才出版。

孔子"十有五而志于学"，我的理解是孔子读高中时才立志好好学习的。其实小学、初中时就该玩，"不能让孩子输在起跑线上"真是不折不扣的谎言。往往小时候越调皮捣蛋的孩子成人后越容易有所作为，填鸭式教育对小学生、初中生是摧残。有的地区不知出于什么原因，但是可以肯定与减轻学生负担无关，高中生学物理的不学化学，学化学的不学生物，想来还是我们过去高考考七门来得更为有用。正因为学的广，现在对生活中很多东西都有明确判断，工作中多有裨益。创造力是一个人最重要的能力，这么多年来离诺贝尔科学奖越来越远是值得我们反思的。

究其原因，还是背离教育的规律，不重视培养孩子的从怀疑到质疑再举一反三的能力。

现今的人才评价体系必须重构，学历将成为人才评价的极小的因素。

### 4.不仅仅是法制环境的原因

对于大多数的侵权，必须到被告所在地法院去告，而被告常常是当地的利税大户，使得维权几乎不可能。所以企业不敢加大对研发的投入，因为竞争对手不屑于去买你的专利，只要从你那里挖几个骨干来就行。

其实不免要问一句，果真所有的人都怕别人偷所以不敢做吗？其实，任何时候都有对品质孜孜以求的人，比如格力空调，我个人感觉，比日本品牌的空调还厚道，然而很多其他行业并没有形成这样的氛围。

就拿前述国内某地产的克令吊为例，按道理交付时除工厂自检外还要面对三道检验关口：一是质监部门的检验，二是船级社的检验，三是船东的检验。按道理出厂的产品应该得到严格把关了，可事实却不是。由于司法成本太高，几乎没有能力寻求到公正判决，船东最终沦为待宰的羔羊，我见过船吊到美国不好用，船东花巨款请美国浮吊,回到国内把船吊全部割掉换成合资品牌的。

前些年造船业粗制滥造到极致,有的船的强力构件竟敢用单面焊接,船开到海上到处开裂。若没有司法使得公正得以伸张,让粗制滥造者得到惩罚,难有社会进步。

1560 年,瑞士钟表匠布克在游览金字塔时断言,金字塔不可能是由奴隶建造出来的,一定是一批欢快的自由人,后来的考古发现果真证明了这一点。在对抗和憎恨中是不可能出现高水平的杰作的。

造船业尤其如此,没有多年的技术与人才的积淀,凭空冒出一家船厂,其结果就是如某船厂,其兴也勃焉,其衰也忽焉,扩张过程中漏洞百出,以致回天乏术。

5. 家族企业应该得到传承

家族企业很多时候是非常有活力的一种企业组织模式,德国、日本的家族企业特别多,有的长达数百年。一个企业若揉进家族的荣耀,更能促使人把产品做到极致。

我一再劝我的客户,选择服务商时,一定要看其有多少年的历史,一般历史越长的私营公司越注重服务品质,越爱惜羽毛,因为其存在就是理由。

做好一个企业需要一辈子,败掉一家欣欣向荣的企业只要几年。


# 落实取保候审权从企业家开始 ▶


**2015 – 08 – 18**

看到韩国为促进经济发展,大赦包括 SK 集团总裁崔泰源在内的企业家,感慨良多!

一个优秀企业家的成长、成熟,是一将成名万骨枯的,无数企业倒下或者碌碌无为,才会出一个优秀企业家,绝不是 MBA 能够批量培养出来的,这与飞行员、神枪手的成长一样,不烧掉那么多航空煤油,打掉那么多的子弹,是不可能出现优秀飞行员与神枪手的。

优秀企业家珍贵啊,"千军易得,一将难求"就是这个意思。

优秀企业家是行政官员,哪怕是高级官员所难以替代乃至企及的。现代政治制度下,行政官员主要是承担执行者的角色,而决策者是由代议机构扮演,而代议机构应当是由百姓挑选的最优秀的人组成,所以官员可以很平庸,而议员(人大代表)必须是精英。

当今社会分工越来越细,很难有人既精通技术又擅长销售,还精于且勤于管理,因为这是几种完全不同的性格,我认为,若一个人这几方面都厉害,那这人离精神分裂也不远了。但凡成功企业靠某个人单打独斗是很难有所作为的,大多是一个团队,团队中有人擅长技术,有人擅长销售,有人擅长管理,而后两者都擅长的人倒不少,前者更易成为科学家或者优秀工程师。千里马常有而伯乐不常有,能找到技术人员或者利用外部的智慧,发挥其才智并转化为财富,这就是企业家。企业家就是如刘邦,是能够团结张良、萧何、韩信成就一番事业的人。

优秀企业家是英雄,不问出处的,出身草莽的优秀企业家比比皆是,在一个公平的社会,成为优秀企业家的道路畅通无阻,也是社会繁荣昌盛的基础之一。成为企业家也是当今社会年轻人成长成才的一个机会,堪比古代的科举。

大多企业家,可以过优越的生活,累并快乐着。但凡还在奋斗的,都是有一份追求,有一份责任,甚至有一份使命的!

企业家的青春其实很短,人生做事情的日子大抵也只有从 35 岁到 50 岁的短短 15 年。20 来岁显青涩,但失败了可以爬起来,40 来岁再倒下去,多数连爬起来的机会都没有了,所有人都要珍惜企业家的壮年,宝贵啊!

没人会奢望大赦的,但是落实取保候审权从企业家开始,是为更好发挥优秀企业家作用且弥补其过失的举措。

# 我国港口使用费改革现状与思考 ▶

**2015 – 10 – 04**

编者按:在外贸出口疲软的当下,港口收费的深化改革或迎来绝佳契机。于内,调整港口收费体制,可降低我国的物流成本,提高外贸竞争力;于外,借鉴国外先进的港口经营理念,有助于港口业的长远发展。

财政部、国家发改委发布《关于取消有关水运涉企行政事业性收费项目的通知》,明确自 2015 年 10 月 1 日起取消船舶港务费,这使我国成为世界上第一个取消港务费的国家。尽管这在中国港口使用费中所占比例并不大,但这显示出了国家削减港口使用费的决心。

我国是传统上的货主国家,对外贸易运输主要掌握在西方发达国家手中,港口使用费及装卸费普遍较高,缅甸、柬埔寨等货主国家也是如此。最近十年,随着我国造船业蓬勃发展,中国逐步转变成船东国家,维护船东利益的呼声日渐高涨,比如完全可以由港口公安完成的边防边检业务,以及任何一家二级以上医院均可完成的海员体检业务,均由庞大的专门队伍来做。以上原因造成了我国港口费、装卸费居高不下,协调困难。

自2014年起,我国港口收费改革持续进行,加上我国近期出口严重下滑,国家正设法增加出口竞争力,降低装卸费用尤为必要,拖轮制度改革亦可带来物流成本的大幅下降,从而提高外贸竞争力。

1. 现状——部分费用收取不合理

(1)装卸费用与装卸水平不成正比

我国大陆地区的装卸费标准比韩国、越南、我国台湾省等高很多,有的货种甚至高出数倍,严重削弱了中国产品的出口竞争力。

以笨重货与超长货为例,件重5吨以上为笨重货,12米以上为超长货,这一标准已数十年没有调整。当时,码头普遍只有5吨、8吨的门机,制订这一标准有一定道理。但如今,门机普遍达到40吨、跨距30米以上,装载重货与长货的效率更高,成本更省,理应提高标准,降低收费。

目前,我国大陆地区1吨热轧卷钢的装货费达100多元,而相邻的韩国和我国台湾省装货费折合人民币仅十几元。前些年,螺纹钢、热卷、板坯等钢材1吨5 000元以上,装卸费的影响不大,但近几年钢材价格暴跌至2 000元以下,仅装货费一项,中国产品的出口竞争力就下降了5%。然而,内贸的热轧卷钢有的港口的装卸费也仅十多元,对外贸数十年来的区别对待,已严重制约外贸发展,内外贸同价呼声日趋高涨。

2015年,我国港口虽然进行了包干费改革,收费方式趋于合理,但价格并未下降。以上海港为例,其作业包干费仍比韩国及我国台湾省贵得多,是泰国、越南的2~3倍,甚全比装卸费一直很高的新加坡还稍高些(表1)。

此外,由于港口一线人员的待遇低于办公室人员,且缺乏必要的奖励机制,使港口装卸工人的素质直线下降。从事装卸业务的港务公司,甚至找不出一个能画出配载图的技术工人。集装箱、散货的装卸速度神话以及港口吞吐量纪录没有意义,前者靠的是机械,后者更不明就里,若神户与大阪合并成大阪湾港,吞吐量就会大增,但没有意义。真正体现作业水平的还是件杂货的装卸,我们在收费居高不下的当下,装卸水平却与世界发达国家存在一定差距。

表1　25吨重热卷新加坡与上海收费对比

| 新加坡港现行收费 | 装卸费 | | 船边－堆场 | | 港务集团收费 | | 合计（美元） |
|---|---|---|---|---|---|---|---|
| | 新加坡元 | 折美元（汇率1.4） | 新加坡元 | 折美元（汇率1.4） | 新加坡元 | 折美元（汇率1.4） | |
| | 2.9 | 2.1 | 2.5 | 1.8 | 4.7 | 3.4 | 7.2 |
| 上海港现行费（包干费） | 装卸费 | | 船边－堆场 | | | | |
| | 人民币 | 折美元（汇率6.4） | 人民币 | 折美元（汇率6.4） | | | |
| | 33 | 5.2 | 20 | 3.1 | | | 8.3 |

（2）拖轮收费制度需改革

拖轮费也是影响我国外贸竞争力的重要因素,我国拖轮费要占到大多数港口使用费的三分之一以上,对比远东到南亚区域国家港口的拖轮费就可看出,我国拖轮费也处在高位(表2)。拖轮费最高的宁波港,是最便宜的我国台湾省的10.4倍,是日本、韩国、文莱、缅甸、印度尼西亚等国家的4~5倍,是越南、俄罗斯、孟加拉、马来西亚的8~9倍。

表2　1万吨船舶拖轮费对比　　　　　　　　单位:美元

| 中国（上海） | 中国（京唐） | 中国（宁波） | 新加坡 | 日本（门司） | 韩国（群山） | 中国台湾省（花莲） | 泰国 |
|---|---|---|---|---|---|---|---|
| 2 875 | 5 868 | 9 000 | 3 360 | 1 905 | 2 017 | 864 | 1 891 |

| 印度尼西亚（巴丹） | 马来西亚（巴生） | 文莱 | 柬埔寨 | 缅甸（仰光） | 俄罗斯（海参崴） | 孟加拉 | 菲律宾（马尼拉） | 越南（胡志明） |
|---|---|---|---|---|---|---|---|---|
| 1 919 | 1 000 | 1 754 | 1 520 | 1 880 | 1 158 | 1 264 | 4 000 | 1 020 |

价格高出其他国家和地区数倍的原因可归结为"大拖小用"、随意滥用和增加辅助时间。不少港口有很多小拖轮,协助1万吨的船舶靠泊足矣。然而这些拖轮大都被封存了,强制船东必须使用大拖轮。一条VLCC靠泊,在韩国正常用两条拖

轮,有时用一条拖轮也可以离泊,但在部分中国港口,要用6条大拖轮。韩国、日本和我国台湾省使用大拖轮时,以实际使用时间计费,我们却常有"辅助作业时间3小时甚至更长"的说法。

中国是发展中国家,航海水平及管理水平与发达国家是有一些差距,我们必须正视差距,为什么别的国家两艘拖轮就可以靠泊,而我们需要用6条?积极到国外学习引航业务是改变这一问题的关键。

同时,拖轮管理主体也亟须改革。现在拖轮主体还是港务集团,有的港口引航站由港务集团代为管理,船靠码头之前必须与港务集团确认使用拖轮,否则不给安排靠码头。这就迫使船东必须消费大拖轮,而这块费用最终要中国货主买单,计入进出口成本中。

如果改变管理体制,引入竞争机制,拖轮规格和条数的使用将更加市场化,效率必然大大提升,拖轮费也会明显下降。

2. 借鉴——新加坡港做法值得思考

针对国内港口经营中的颇多问题,新加坡和我国香港特别行政区的做法颇有借鉴意义。

新加坡港口行政管理由新加坡海事海港局负责,企业经营由新加坡港务集团(简称PSA)负责,体制上与国内接近,相当于交通港口局与港务集团的关系。但PSA不参与具体装卸业务,装卸均由不同的装卸公司经营。

PSA的收入主要包括三部分,一是向船东收取的船舶码头费,船长100米收取30新加坡元/小时,每超过1米,加收2新加坡元/小时。对于大船,码头费就显得非常昂贵。船越大,码头的建造成本也越高,1万载重吨,船长121米长的船,每24小时,码头费约在1 776新加坡元(1新加坡元约合0.7美元)。二是向装卸公司(码头使用合约方)收取的每计费吨货物2.7新加坡元的管理费。三是向收货人收取每计费吨2新加坡元的货物码头费。免费堆存3天,超过3天则另外收取堆存费,起初一周很低,超过一周则非常昂贵。

从PSA的收费来源可以看出,其提供的是基础服务,市场化的服务项目具有明显的"谁使用谁付款"的竞争特点。与此类似的还有我国香港的和记黄埔集团,其主要投资建设码头及堆场,提供必要的基础服务和安全管理后,全部以租赁形式经营。

我国大陆港口的兼并整合正如火如荼进行,浙江海港集团已经成立,应该参照这种方式,仅进行基础资源的兼并,包括装卸车队、理货公司、拖轮服务、浮吊公司等竞争性领域,应完全放开。作为码头方,可参照装卸量收取码头使用费,以获得投资回报。

其实,根据我国现有的收费规则是允许船东或货方自行雇佣装卸人员。以上述 1 万吨的船为例,正常生产作业形式的码头费为 828 元/天,约为新加坡的十分之一。但规则又同时规定,港方可向"非港口工人装卸的船舶"收取非生产性停泊费,每净吨 0.15 元/小时。以 1 万吨级的 3 602 净吨船舶为例,每 24 小时要收取 12 967 元,比新加坡港 1 776 新元(约合 8 000 元人民币)的船舶码头费高出约 40%。这种规定不利于鼓励港口脱离竞争性收费。

《交通运输部 国家发展改革委关于放开港口竞争性服务收费有关问题的通知》已经提升了码头收费的透明度,取得了一些成果。长远看,提高船舶码头费,开收货物码头费,折算码头门机使用费,放开码头装卸公司自由竞争,将是必然趋势。

(本文发表于《中国航务周刊》2015 年第 39 期)

# 学习宝钢、天津理货经验,切不可将强制船东理货合法化 ▶

**2015－9－27**

1. 中国货主存在着普遍性违约

中国出口货物普遍采用"金康"格式租船合同,其第五条原文部分如下:

The cargo shall be brought into the holds, loaded, stowed and/or trimmed, 52 tallied, lashed and/or secured and taken from the holds and discharged by the 53 charterers, free of any risk, liability and expense whatsoever to the owners. 54

翻译成中文:货物应放进舱内,装好,堆码好和/或平舱好,理货好,绑扎和/或系固好,并由租船人从舱内取走和卸掉,船东不承担任何风险、责任和费用。

毫无疑问,装上船的货物应是理好的(TALLIED),应由中国的发货人理好货,然后再装上船。

现实是这笔费用一直是向船东收的。

笔者曾多次与欧美船东就此发生争执,数度几乎对簿公堂,我代表发货人,律师说仲裁我必输无疑,能拿出手的"法律"如下:

# 中华人民共和国交通部

## (81)交水运字 1944 号

# 关于颁发《中国外轮理货公司业务章程》
# 和《中国外轮理货公司理货规程》的通知

现将修订的《中国外轮理货公司业务章程》(简称《业务章程》)和新订的《中国外轮理货公司理货规程》(简称《理货规程》)随文颁发,自一九八二年三月一日起实行;一九七二年八月一日起实行的《中国外轮理货公司业务章程》和《外轮理货工作规则》,一九七六年七月一日起实行的《中国外轮理货公司集装箱理货办法》同时废止。《业务章程》将译成英文本对外公布。

修订的《业务章程》,明确了中国外轮理货公司的理货工作具有公证性质,航行国际航线船舶在我国港口装卸货物,应由中国外轮理货公司代船方理货;理货员的理货岗位在舱内、甲板或船边。《业务章程》扩大了中国外轮理货公司的业务范围,由代表船方理货扩大到接受货方和各委托方理货,由对普通货物理货扩大到对集装箱、载驳船以及航空货物理货,由在港口理货扩大到在国内各地以及国外理货。《业务章程》规定了中国外轮理货公司对运输全过程皆委托理货的船舶,承租货物件数差错的赔偿责任。

(后文略)

其中有一句"航行国际航线船舶在我国港口装卸货物,应由中国外轮理货公司代船方理货",代船方理货并不意味着费用由船方支付,根据金康合同,发货人要将货物理好装上船,与交通部水运局 1981 年的文件要求中国外理要代为船方理货,形成一对矛盾。

实务中,船靠好码头,理货组长会拿出一张理货申请单由船长签署,申请理货。船长不申请,就不给装货,然后向船舶代理收取理货费。

这就是中国外理的法定理货的"法律"依据。

2. 强制理货的历史沿革

19 世纪上半叶,中国的海关权掌控在"帝国主义国家"手上,理货属于海关管理,理货长基本集所有港口权于一身。

直到 20 世纪 90 年代初期,我的实习课程里还有一个"看舱理货",早先船方与货方交接经常用筹码,船员参与计数、点交,在国内则由外理一家独自理货。在国外,经常会有船东雇佣的理货员、收货人雇佣的理货员分别点数。

在外汇紧缺的年代,向国外船东收取些外汇硬通货,有其合理性。随着集装箱的普及,装卸人力成本的提高,小包装货越来越少,比如上海港,小袋货好多年前就不做了,进出口基本都是集袋,过去点20包货是一吨,理货费3.45元,加上加班费基本要5元/吨。现在一包就是一吨,也收同样的钱。随着机械制造业的发展,大型成套机械进出口很多,最大的一条船,几十万立方,收费就达十余万元。

3. 我所遇到的理货问题

(1)前几个月,我从国外装了一船吨袋装的氧化铝,国外装货时,就是做的水尺,提单、舱单上均没有显示件数。回国内后,我令代理与船长不得申请理货,海关申报数量也是按散货申报"1"件,但外理公司不请自到,声称货是法定理货,不需要船东申请。互不相让的结果是,理货费打了些折,还是做了理货。

(2)多年来一直装沥青,理货费非常高,按危险品支付理货费4.28元一计费吨,沥青的积载因素在1.35,加上加班费因素,实际收费在9~10元/吨。由于海事局的服务已有了长足的进步,我在微博上向当地海事局提出异议,提供了货物的MSDS(货物安全信息),海事局连夜向专家请教,得出结论,进口的这种沥青不算危险品,代理向海事局也没按危险品申报,这就把理货公司推到前沿,拖延很长时间后,仍然开出按危险品收理货费的账单,我的律师发出了律师函,若拒不纠正就法庭见。后理货公司给予我们一定优惠。

表3为交财发(1994)16号文件的收费规定,现仍在执行。可以看到,危险品是1类货,若非危险品就是2类货,并不是数字上差一点,而是要经过积载因素与加班的放大,实际差一倍。

表3　收费规定表

| | | | | |
|---|---|---|---|---|
| | 1 | 危险货物,冷冻、冷藏货物,有色金属 | W/M | 4.28 |
| | 2 | 每一重吨不足2 m³的列名外件货 | W | 3.45 |
| | 3 | 橡胶、电解铜 | W/M | 3.00 |
| | 4 | 金属制材、原木、纯碱、水泥、鱼粉 | W/M | 2.10 |
| 件货理货费 | 5 | 每一重吨满2 m³、不足4 m³的列名外件货 | M | 1.65 |
| | 6 | 盐、化肥、糖、粮、枣 | W/M | 1.50 |
| | 7 | 棉花、麻、烤烟 | W/M | 1.05 |
| | 8 | 每一重吨满4 m³的各类货物 | M | 0.83 |

(3)一次装一万多方设备,分五票,进货就混起来了,装货也混着装,但收理货费也混着收我不干了,差了四千多元。从表3看,2类货、5类货与8类货的费率差

得还是很大的,经过加班费的放大,就更大了。

理货公司的业务经理也的确过得硬,搬出依据来:

《中华人民共和国交通部航行国际航线船舶及外贸进出口货物理货费收规则》第六条原文:

> 一票货中含有两种或两种以上计费类别的货物,且计费类别高的货物的计费吨占整票货物的计费吨满30%;或一票货物同属两种计费类别时,则整票货物的理货费用均按计费类别高的费率计收。

这是1993年5月1日执行的,与交财发(1994)16号还不是一个文件。

第六条里面的确有混装的内容,只要计费吨高的货物占30%以上,就按计费高的一档计收,这把费率又放大了很多。

4. 实务中是如何理货的?

无疑,理货仍是一件重要的工作,过去装卸作业中,中国的单船指导员常常英文不好,与外籍海员难以交流,理货组长大多是港湾学校毕业的,能从中起到沟通作用。现在港口英文能过得去的人多起来,加上船东常雇佣中国的港口船长,所以交流已相对顺畅了。

时代发展了,早在二三十年前就告别了点交筹码的时代,海员一般也不会再去点数,最不济是雇理货公司或者检验公司,若出现短少,也是由保赔协会处理,国际上有着一套严密、完整的体系。即便有货损货差,也是由保险、保赔公司进行处理,有大量具有保险、保赔检验资质的公司从事着全国性的检验业务,无需外轮理货公司多此一举。

另一方面,由于货损、货差纠纷属于合约纠纷,管辖权未必就在中国法院。所有的保监会认可的检验公司均具有公证性质,只是代表的利益方不同,具体采信哪一家,由法院做出判断。

国外的理货工作大多由装卸公司承担,或者由买卖双方认可的检验公司承担,或者各请各的理货公司。我跑船时,经常碰到几家理货公司的数字碰不拢的情况。找出原因,协商处理。小包装货还没有完全退出国际海运,比如大米运输,由于货物特性,吨袋不完全适合,我曾装过日本援助的大米,20千克包装,5 000吨就是20多万包,卸货时,一包不少,可见日本公司工作的严谨性。装货时,均没有现场理货,而是在库房就堆码整齐了,点垛装船计数。

装卸公司作为装卸人,怎么可能不知道自己装进去多少货?在国内有内理做这份工作的,在信用高的国家,完全没有必要另请一家理货公司来监督装卸公司,所以内理与外理是重复的工作,很多国家是合二为一的。

5. 改革如何进行？

（1）推广宝钢经验

韩国以及几乎所有的发达国家，都是先装货，再报关的，当然发达国家均是鼓励出口的，然而，国内庞大的出口退税税则，使得这样做似乎是不可行的。在这方面，国外是出口免税的，税率单一。

整个上海港，仅仅是宝钢码头，装宝钢的货是先装船、再报关的，所以运转起来就顺畅多了，不用为海关是不是假期、关单有没有送到犯愁，极端时边生产边装船。这是国外很正常的做法。

重新设计出口报关环节，向发达国家看齐，推广宝钢的做法，简化出口退税税则，外理的功能要重新设计，出口数量的监督功能可以由别的方法进行，传统的出口舱单监督也是方法之一。

对信用高的货主，可采用交易成本低的管理方法。

（2）推广天津港经验

我曾写过一篇文章——《关于外轮理货不得不说的一些事》（见本书 79 页），有一家外轮理货公司大会上读了这篇文章，很多人心里很难过，特别是主要领导，但改革又是趋势。

天津港掌握了好的工作方法——点垛交接（上海还是打钩计数），采用了类似日本的工作方法，既省人力，效率又高，差错率还正常，应予以推广。

（3）绝不可将强制船东理货合法化

这二十年来，中国进出口货物已发生了翻天覆地的变化，费收规则已严重与实践脱节，我坚决反对任何的修修补补，生意伙伴之间的事情，交由生意伙伴之间去解决，没必要非要进行强制理货，海关的监管方法有很多种，监管成本与违法后果要综合考虑。具体装多少，卸多少，装卸公司的内理的数字就可以了，发达国家也是这么做的。天津港的经验证明，中国人也完全可以做到这一点。另一方面，这也是中国进出口货物通常采用的"金康"格式租船合同的要求。对内理的工作质量，海关可以进行监督。

事实上，中国外轮理货公司也的确是由装卸公司开办的，前文提到，各地外轮理货公司由各地的装卸公司绝对控股，人、财、物均由装卸公司控制，装卸公司另有一支内理队伍，实质上，外轮理货很大程度上仅收费而已。

# 加强船代输入舱单环节监管, 废止强制理货 ▶

**2015 – 10 – 01**

强制外轮理货, 有着强烈的半殖民地时代的印迹, 早先中国的海关掌控在外国人手上, 海关的关长, 常常兼着港务长及理货长职务, 为的是确保关税应收尽收。

无疑这已与现代贸易方式、法制理念、道德要求格格不入, 并且除我国台湾省与大陆有相承袭的一些痕迹外, 大部分国家都未采用这样的监管方法。

经调查, 现将周边国家的外轮理货情况介绍如下:

1. 新加坡

新加坡没有任何有关理货的立法。

理货是由装卸公司做的, 已含在装卸费里面。新加坡进出口的流程如下(以进口为例):

贸易商申报进出口货物, 交纳税收, 大部分货只交7%的消费税, 烟、酒等少数货有高额的关税。

船抵港卸货, 由装卸公司雇人理货, 理货员及理货公司不需要任何资质, 认识数字就行。形成理货报告, 报告里含溢短单、残损单, 交给船舶代理, 代理录入舱单, 签发提货单(DELIVERY ORDER)。由于一票货提货时要装很多车, 所以提货单可以复印, 由于上面有编号, 所以复印的提货单一样有效。新加坡出港口大门有两道关口, 一道是港务公司的, 核对货物标记及数量, 相符则放行;另一道是海关的, 只管检查货物有没有交过税。若出现溢卸, 可以现金交税, 马上放行, 效率很高。短卸, 则代埋签提货单时, 就少签了, 当然, 多余的货, 也是出不了港口的。

装卸公司在开卸之前, 会到船上拍照, 若发现有货物损坏的, 会提交给大副签字, 然后开卸。卸货过程中若有损坏, 船员会在现场盯着, 没争议的该谁的责任是谁的责任, 有争议的, 则请检验公司做联合检验, 认定责任。对于溢短, 船东负有相当大的责任, 若不相信装卸公司理货, 船东可以另外请理货人员, 也可以由船员理货, 付少量的劳务费给船员即可。

装卸公司支付的理货成本在0.35新加坡元一计费吨, 约合0.25美元一计费吨。

2. 菲律宾

菲律宾也没有任何政府关于理货的文件。

不强制理货,但是船舶代理都会雇请理货公司,目的是为货物的交接,保护的是船方利益。货主申报进出口货物数量,代理根据理货报告录入舱单。出现短卸海关不管的,若出现溢卸要如实申报,否则按走私论处,惩罚相当严厉,绝少有人敢走私。

理货员与理货公司没有任何资质限制。

理货费一般在 0.1 美元一计费吨。

3. 越南

越南以前也是一家官方理货,理货费相当高。现在已取消强制理货,政府不管理货的,所以也没有任何现行关于理货的文件。

收货人或者发货人向海关系统里自行网上输入货物数量,并且对他们的申报负责,海关有权力随时核查。

尽管不强制理货,但所有相关方都会安排理货以得到双方认可的装卸数量。

正常在胡志明海防的费率为 0.1~0.12 美元每吨或者每立方米。集装箱是 4 美元一个,小港口会贵一些。

4. 泰国

泰国没有强制理货这个说法,所以也没有相关文件。

泰国理货很好玩的。发达的湄公河水系与长江、珠江很相似。船靠上码头,有的货卸码头,有的货卸驳船,每个卸货工班,会有 3 个理货员,一个舱内,两个甲板。其中一个舱内与一个甲板的是收货人请的,另一个甲板的理货员是船东委托代理请的。政府不管理货人员的资质,也没有理货公司,都是受各自雇主雇用的从业者。

卸货时,舱内一个理货挑哪个货是属于他的收货人的,决定是卸驳船还是卸岸,甲板上收货人一个理货员与船东一个理货员,互相签字确认。若是卸码头仓库,则仓库有理货员,负责点数,费用由收货人提货时出。

驳船船员有时刻意想偷货,在甲板点数时与船东的理货员就会产生争执,比如明明卸了 100 件,驳船的船员会硬说卸了 99 件,这时常会保留争执,代理会派人随驳船到卸货地再次点数。有时也会报警,特别是可能存在刻意偷盗的情况。泰国经常出口大米,10 船有 8 船会出现偷货,有时会买通船东的理货,装了 950 吨,喊装了 1 000 吨,好的代理在理货员的选择上会注意操守的。这是任何资格考试以及资质认定所做不到的。

收货人或者发货人向海关申报进口或者出口了多少货,出现溢、短卸后,拿着代理的理货报告向海关申请加报关或者退关即可,走私是犯罪行为,串谋犯罪是警察管的事情。特别是贸易商都是有实力的公司,若存心想犯罪,靠理货来制止犯罪是不现实的。

货物若出现损坏,则船东或收货人请检验师进行检验(当然,中国的理货公司是不负责鉴定损坏的,还得另请人鉴定)。

泰国的船东理货费用 10 美元一个工班,一天 3 个工班约 30 美元,也就是一个理货员 24 小时的工资。若卸 5 000 吨货,2~3 天卸完,理货费用在 0.15 美元/吨左右。

5. 日本

日本全国有理货资质的公司只有两家,但不强制船东理货,但货主一般都会请一家理货公司以掌握卸货情况,船东也可以请另一家,也可以请同一家。船东大多不会另请理货公司,安排卸货的一方同时包含安排理货,由于日本全面质量管理非常完善,可信度、中立性极高。船方有没有理货唯一差别是有时船方会拿不到配载图,需大副自己画一个。

费用一般是 150 日元/吨(目前约合 1.3 美元),有的长期装卸货的货主码头,一般会与其中一家理货公司签个长期协议,费用最低为其三分之一,也就是 50 日元/吨(约合 0.4 美元)。对于件数少、体积大的货,也会谈个少得多的包干价,但最少不会少于一个工班,一个人一天 300 美元,因为日本请一个人一天做 7 小时,交通费、工资加起来也需要差不多 300 美元。比如装钢材一个工班一天装 1 000 吨货,那一吨的理货费就是 0.3 美元。

6. 韩国

韩国政府没有关于理货的强制性规定,理货公司及理货人员不需要资质。对于件杂货,一般发货人要求船东聘请了理货才同意装货,避免发生了货损与货差讲不清楚。卸货则不一定,有的货主不要求船东一定要聘请理货,所以卸货比较多的港口,如仁川附近,理货公司就比较少,装货多的港口如浦项、光阳等地则理货公司比较多。

理货处理的事项主要是数量、货损的争议,尽管政府对理货公司没有资质要求,但从事这行业的理货公司大多是有很长的历史与公信力,一般的收货人、发货人都是认可理货公司的认定的。

费用在 0.3~0.4 美元/吨。

7. 我国台湾省

我国台湾省与祖国大陆同根同源,理货的操作方式与传统要追溯到吴淞商船学校的毕业生从外国人手上争取回理货权的年代,同时争取回的还有引航权,刚过世的中远顾问朱曾杰曾在 20 世纪 40 年代对招商局的内部的理货进行整顿,从船上理货调整为驻港理货。

我国台湾省的理货要求的要点整理如下：

（1）并未见一定要强制理货的内容，明确内贸不强制理货。

（2）理货经营许可很简单，主要是要有人请做理货的意愿证明，即"船舶运送业或船务代理业委托办理理货之意愿书"。

（3）理货员要培训30小时以上，由同业公会考试。

（4）装卸结束后，应网络或者书面向海关、港务申报理货表单及相关资料，以备查考。用词是以备查考，仅是备案而已。海关提供使用人及密码登录海关船边进出口通关系统，以杜绝走私及相关不法行为。

（5）收费讲了很多，最终一句"容许船舶理货业自由决定"才是关键，也就是各理货从业者自由定价。

综上所述，理货本是贸易主体之间的交接行为，具体交接了多少货，船东有向政府准确申报舱单的义务，如何准确申报舱单是船东的事情，船东或其代理人会聘请他认为靠得住的人来做理货。

所以对于政府只要抓住船东的舱单输入环节，确保准确即可。船东有智慧用合适的方法来确保准确，否则就是走私行为。该由强制机关处置。

# 引航员素质下降，拖轮使用存在浪费 ▶

**2015－10－27**

1.计算一下多耗费的拖轮费

设想一下，把中国所有巴拿马（7.4万吨）以上的船靠码头的引航员全部换成美、日、欧的引航员，会是什么样的结果。

2014年中国进口了9.3亿吨铁矿，3.1亿吨原油，约需5 470艘17万吨的海岬型散货船，1 033艘30万吨的VLCC（超级油轮）。

按宁波港拖轮使用标准（表4），一般海岬型散货船船长约280米，VLCC均超过300米，日本、欧洲、韩国靠离大多用2艘拖轮，有时离泊用一艘拖轮。在中国海岬型散货船平均每艘多用3艘拖轮，VLCC多用5艘拖轮。

表 4　拖轮使用标准

| | | | |
|---|---|---|---|
| | 90m≤LOA＜120m | 1 | 1 |
| | 120m≤LOA＜240m | 2 | 2 |
| 散杂货船 | 240m≤LOA＜270m | 3 | 3 |
| | 270m≤LOA＜300m | 4 | 3 |
| | LOA≥300m | 5 | 4 |

以一艘拖轮每用一次 1 万元计算,每年多耗费拖轮费如下。

海岬型:

$$5\ 470 \times 3 \times 1\ 万元 = 1.64\ 亿元$$

VLCC:

$$1\ 033 \times 5 \times 1\ 万元 = 0.52\ 亿元$$

合计 2.16 亿元。

根据中国港口网的资料,2014 年外贸进出口量是 35 亿吨,中小船只滥用拖轮比海岬型散货船及 VLCC 更为严重,即便按超大型船的滥用拖轮比例,多耗费的拖轮费为

$$[35/(9.3 + 3.1)] \times 2.16 = 6.1\ 亿元$$

计算的依据如下:

(1)见多识广的青岛港引航员对此都不可理解,甚至从未听说过两艘拖轮就可以协助 VLCC 靠泊,一艘拖轮也可以离泊。

新浪网友"追逐 HH 远航":中国就是拖轮用得多,国外就是少,载重吨 178 000 的散货靠连云港、太仓都是 5 条拖轮,而在汉堡、鹿特丹、七岛等很多地方都只用 2 条靠、1 条离。在德用汉堡,狭窄航道满载靠泊,只用了 2 条拖轮。加拿大七岛满载离泊只用了一条拖轮,如不是亲身经历,我也很难认为这是真的。

新浪网友"阿注":南非萨尔尼亚港,好望角型空载 2 条拖轮协助掉头靠,满载 1 条拖轮离泊。30 万吨级 VLOC 靠离泊不会超过 3 条拖轮。黑德兰港 30 万吨级 VLOC 靠离泊也是 3 条拖轮。

当然,据说巴西也有用 3 条或以上拖轮的,但巴西也是发展中国家,我们还是应该向先进国家看齐,提高港口服务水平。

所以按海岬型船及 VLCC 发达国家平均 4 艘来核算是靠得住的。

国内有的港口比宁波有过之而无不及,靠 1 条 VLCC 几乎整个港口拖轮出动,笔者了解还有靠离都用 5 条大马力拖轮,1 艘待命,合计 6 艘的。

(2)一般 1 万吨的船,总长大多超过 120 米,很多港口靠离泊都要求各用 2 艘

拖轮,实际上只要没有非常特殊的情况,1 艘足矣,所以小船超用拖轮比大船更为严重。

（3）中国进出口货量最大的是以集装箱形式运输的,集装箱船的挂港多,船型更为修长,而且随着船型越来越大,巴拿马型甚至海岬型集装箱船越来越多,很多港口拖轮使用量不比同尺寸的散装船少。所以按照中国的进出口总量,以散装船与 VLCC 推测总的多耗费量是非常保守的。

（4）按 1 万元 1 艘次计算是非常保守的。国内拖轮还有辅助作业时间,大多港口至少 3 小时,有的高达 5 小时,以 3 小时辅助加 1 小时作业计,每个港口拖轮马力越来越大,小马力拖轮大多被封存,很多港口有 6 000 马力（1 马力 = 735 瓦）以上的拖轮,以 4 800 马力计,在不加班情况下：

$$4\ 800\ 马力 \times 0.48\ 元/（马力 \cdot 小时）\times 4\ 小时 = 9\ 216\ 元$$

若平均加班 30%,那就是 11 980 元。所以,以 1 万元计是非常保守的。

（5）宁波的拖轮使用是有代表性的,笔者了解,日照、曹妃甸,以及新浪网友"追逐 HH 远航"所说的连云港、太仓都不在宁波之下。所以取宁波的拖轮使用标准是可行的。

2. 造成国内拖轮多用、滥用的原因

（1）行政隶属关系不明确

笔者曾与中国引航员协会进行过探讨,一致认为,港口引航受港务集团的掣肘过于严重。

很多港口引航站是由港务集团代管,由于利益关系,港务集团总是要求引航员尽可能多地使用拖轮,引航员难以拒绝。

（2）引航员素质的下降不容小觑

中国的引航员选拔机制应做调整,我国是世界上为数不多的几个不是从船长中选拔引航员的国家。一般人到 40 岁,会形成稳定的价值观与工作习惯,而大多人在这个年龄才刚做过几年船长,精力、体力、心智正是稳定、成熟期。若能从船上下来做引航员再合适不过了,世界上大多国家也是这样选拔引航员的。

引航员不从船长中选拔还带来一个严重问题——与国际脱节,不知道别的国家是怎么靠离泊,怎么样服务船长、船东的。

（3）拖轮的实际马力需要校验

拖轮的收费马力均按照新造船马力,然而经过若干年的使用,很多拖轮马力严重下降,拖轮的实际马力需要校验,例如：每年做一次系柱试验以确定收费马力,这是非常简单易行的试验。

（4）收费机制有待调整

不同种类的拖轮,服务效果是完全不同的,比如导管定距桨或变距桨进车推力最大,其次是 ZP 拖船,进车推力最小的是 VSP 拖船。但导管 CPP 拖船进车推力最大,而倒车推力只有进车推力的 45% ,并且不能产生横向推力,ZP 拖船进车推力虽小,但其倒车推力可达进车时推力的 90% ~95% ,VSP 拖船倒车推力可达进车推力的 90%以上。① 然而收费费率是一致的,尽管交通部前不久刚将 0.48 元/(马力·小时)作为最高限价,但是实际执行中就是将最高限价作为定价收费的。

(5)引航员没有使用拖轮的决定权

以国内某港为例,拖轮如何用,用几条是由引航站决定的,而不是引航员。不止一次听到引航员抱怨,需要拖轮时,没拖轮,不需要时,派几条。连国内最正规的港口都如此,别的由港务集团代管的引航站,决定权甚至都不在引航站。港务集团直接发文件,要求用几条拖轮。

(6)拖轮配置不合理,超配拖轮情况严重

由于拖轮存在着巨大的利益,很多港口封存了小马力拖轮,仅留下大马力拖轮,而且千方百计阻止外地的小马力拖轮进入。这些年来,越来越多的超大型深水码头建成,由于码头审批需要配套的拖轮,拖轮其实可以租或者共用的,但是很多港口添置了很多超出实际需要的拖轮,为消化配置过多的拖轮,导致国内拖轮使用浪费情况严重。

(7)安全基础理论研究不够

安全与成本投入是一对矛盾,但是安全是有极限的,安全措施也会产生不安全的因素,增加到一定程度,事故概率反会上升。从经济性看,安全投入到一定程度,超过风险可能造成的损失,那就不一定有必要了。比如对拖轮的使用,2 条不安全,那 5 条就安全了吗? 10 条就一定 100% 安全吗?海事大学二十几年前就在搞仿真操纵模拟器,各种各样的事故模型均需做细致的量化研究。

3.那如何解决呢?

(1)引航员需"走出去,引进来"

同样是"PILOT",飞行员就非常国际化,每年均从国外引进大量的飞行员,然而没听说过引进任何一个引航员。要承认差距,才能谦虚谨慎地学习经验,提升自己的技能,缩小与发达国家的差距。同时也要把引航员送出去,向发达国家的引航员学习,将经验与方法引进国内。

(2)完善引航员的遴选机制

要建立起主要从船长中选拔引航员的制度。很多港口竟然要求报考引航员需要大专学历,老牌的南京海校(今江苏海事职业技术学院)培养出众多优秀的航海人才,其毕业生竟然被排除在外。很多南京海校毕业生在世界一流船东的 CAPE,

① 《船舶操纵》第 68 页,洪碧光主编,大连海事大学出版社

为国建言

VLCC,LNG,万箱船上做资深远洋船长,其业务素质足以胜任引航员一职,可见,国内引航员遴选机制还有待完善。

(3)加强培训,特别是传统操船技法的培训

这也是洪碧光教授大声疾呼之处,太多的引航员放弃了传统操船技法,过度依赖拖轮,而忽视对车、舵、锚、风、流、富余水深的利用,造成巨大的浪费,而且愈演愈烈。

(4)探讨放开引航站的地域经营限制

引航员有两个身份,一是代表国家行使主权,二是向船东、船长提供技术服务。前者是象征意义,引航员最主要的身份是服务职能。既然是服务,那就应由船东选任,比如青岛港的引航水平高,船东为何不能聘请青岛的引航员到附近的日照港提供技术服务呢?

(5)调整大型船的引航费标准

中国的引航费是按照净吨收取的,使得引航费在国际也处于高位。很多国家按照引航员的服务时间收取引航费,这有其合理性,也体现了引航员的服务价值。

(6)理顺拖轮的雇佣关系

拖轮的使用应由雇佣方指派,即船东或其代理指派拖轮,而不是引航员、引航站,更不是港务集团。

中国物流成本居高不下,急需提升物流业的服务技能,降低成本,引航员的服务水平提升有很大的潜力可挖。


# 妥善闲置或封存(**LAY UP**)
# 船舶是航运低迷下的战略选择 ▶


**2015－11－29**


1998年,笔者深夜航抵印度尼西亚 DUMAI 港,抛锚时,从雷达中看到一大片"渔排",黑咕隆咚的,一点灯光也没有,寻思着,白天买些鱼改善伙食。

天亮后一看,吓了一跳,哪里是渔排啊,莫非是传说中的鬼船啊!一艘艘锈迹斑斑,船体上附着物长得老高,有近百艘,绝大多数是大大小小的油轮,想起印度尼西亚是欧佩克成员,行情低迷集中到这个湾子里闲置(封存)。

2008年次贷危机时，我手上有一条7 000多吨的小船实在无法经营，出售又找不着下家，而且有价无市，拆解又下不了决心，急需找个地方将船闲置，停掉辅机，遣散船员，以尽可能缩减维持成本。经过多方打听，反复比较最终选择长江里一个港口的锚地，船上留下轮机长、大副、两名水手和一名机工，购买了一台20多马力（1马力＝735瓦特）的柴油机用于发电，每天耗油约100千克。闲置了4个半月，看市场无望，最终选择了拆解。总体来说我的闲置船舶处理还是成功的，有这样几个成功之处：

1.长江里这个锚地虽然感潮，但是已很小，有时船基本不掉头，泥质底，不易走锚，即使有台风影响已是强弩之末，寒潮来临会有影响，但陆上的寒潮对海轮来说容易对付得多，只要观察是否走锚即可。比起有的船在连云港锚地闲置，几乎每周都走锚要强得多。

2.人员配置完全可以将船开动，即便走锚，完全可以起锚重新抛锚或者加抛另一只锚，可以保证24小时船舶有人值班，察看锚位。实际上，这段时间船舶保养没有放松，船员将甲板以及部分舱盖除锈、油漆，即便将拆解，保养也没有停止。有的沿海船闲置时，留一个人两条狗看船，成本虽小，但是毕竟船开不动，也不能24小时值班，有一定安全隐患。

3.20多马力（1马力＝735瓦特）的柴油机足以将船舶大桅灯、锚灯开启，避免像印度尼西亚近百艘抛锚船那样，让人误以为是渔排。只是必须在天黑开启桅灯前完成做饭，否则用电饭煲时，桅灯点不亮。

4.由于我的船是挂巴拿马旗，事先了解清楚当地的边防收费情况非常重要，有的港口对外籍船在锚地一天要收一万元的监护费。

5.长江里锚地紧张，只能是以抛锚等货名义闲置船舶，而且不能影响港口的日常生产。

6.船舶离开后，海关要求收取每天100元的监管费，该港口一直收取，一般船东来装卸货，顶多四五天，也不大会留意，但是我们一抛近140天，要收取一万多元，不得不调查收费的合法性。好在海关的行政复议系统非常高效，在上级海关的网站上就可以直接提起行政复议，很快当地海关就表示不收取监管费了，请求我们撤销复议。

近来波罗的海指数创历史最低，与2008年次贷危机所不同的是那时船东的信心还没有被摧毁，有的船东还在坚持运营，闲置的船舶并不多。最近笔者参加多场航运研讨会，与往年总有不少专家乐观地认为航运市场会在两三年内复苏不同，现在几乎所有专家都认为短期内复苏无望，运力已严重过剩，与以往强调淘汰老旧船不同，现在全国沿海船的平均船龄只有7年，超过25年的老龄船总共也只有200

多万吨，①即便全部淘汰也不会对海运市场有本质影响。法院扣船已扣到不愿扣的程度，船舶拍卖也一次次流拍，何况船舶转让也不会造成运力的减少，闲置船队已成必然的选择。

不正规地闲置船舶会带来重大安全隐患，在灾害性天气来临时，会造成严重事故。由于闲置船舶几乎都是投资人的失败投资，而且投资主体或者管理主体有时会存在不明确的情况，甚至有船东视船舶为粘在手上的累赘，那种想甩甩不掉的痛苦，没做过船东或者卡车车主，不会有这种体会。有的投资是全损，也就是船舶价值不足以偿还负债，船东极想弃船，不愿再做投入，金融机构或者债权人又没有及时接手，在船员工资拖欠的情况下，船舶的管理现状是值得担忧的。

与2008年不同，本次闲置时间会比较长，按高盛对市场的预测，航运市场复苏要到2020年。今天又听到专家以详尽的数据分析，不乐观的情况会到2021年才能好转，②以最小的成本，选择合适地点，尽可能安全地闲置船舶应引起相关部门重视。对此，笔者有如下几点建议。

1. 对方便旗中资船舶要一视同仁。由于历史原因，很多部门对所有方便旗船均按外籍船进行管理、收费。

涉外运输是国际上完全竞争的行业，一定要认识到涉外运输掌握在中国人手中，即便是以方便旗船运输的形式，也比完全被欧美日韩等发达国家控制更符合国家利益。应保护中资方便旗船队，至少雇佣的大多是中国海员，管理人员大多也是中国人，采购的备件、物料大多也是中国的。从长远看，若因闲置困难造成中资方便旗船大量出售，是中国的损失。

所以对闲置船来说，海关、边防、海事的收费应与内贸船一致。在界定中资船时，要采取简便的措施，比如只要全部雇佣中国籍海员就可认定。

2. 全国范围内选取一些合适的锚地供船东闲置船舶，例如：连云港尽管海域宽阔，但极易走锚，并不适合。渤海湾、北部湾、三都澳等大片水域都是可选之处，小型船选择长江中游水域等都值得考虑。

3. 对于最低留船船员有个合理规定，只要保证能将船开动、抛起锚即可。

4. 建议闲置船都留好应急钢丝缆，也就是每艘船都垂下一条钢丝缆接近水面，并在缆桩上挽牢，一旦有什么紧急情况，海事部门可以安排拖轮主动采取应急措施。

5. 对于电力供应，要确保大桅灯能够开启，因为有的船应急发电机功率高，但耗油也高。使用临时发电机是一选择，但是功率不可太小，否则会使得照明不足。

---

① 数据来源于上海航运运价交易有限公司陈弋2015年11月26日在上海国际航运研究中心年会上的演讲

② 上海航运研究中心周德全研究员2015年11月26日的演讲

6.海警加强治安巡逻,防止海上治安案件的发生,若有可能定期与船东联系,报警渠道要畅通。

7.加强海事的服务,特别是在 VTS 覆盖水域,对船舶锚泊状况要监控,保持 VHF 畅通,并且留有船舶及船东的应急联系电话。在台风过境等紧急情况下,要及时通知船东,派足船员以抗台。

总之,无论是国资还是民营,即便是挂方便旗,闲置船舶都是国家的财富,我们要保管好财富,以便日后更好地为民服务。

▶ 针砭行业时弊

航运往事 ▶

**2013 – 03 – 27**

2013年2月我们与天津一家公司订立合同,下面简称B公司。该公司老板姓赵,赵老板多年一直做货代,号称身家过亿,曾与其一餐花掉四万多,天津这地界养货代啊!业务员姓王,用J轮装一批出口钢结构,B公司是租广海TCT的J轮,处于二船东的角色。为了配合该轮,我们将货物从京唐拉到曹妃甸。

3月6日J轮抵达曹妃甸装货时,王姓业务员与船长找出各种理由拒绝装我们的货,理由包括货物尺寸与丈量尺寸有差别,当地工人底层螺纹钢装得不平,装货装不到边等。我们港口船长在现场看得好笑,闭着眼睛都可以装得下去的货,而且绝不影响下一港日照的装载。我们公司做设备海运,至今安全装过近千船,这么点货,当然有信心了。争执过程中,了解到真实的原因是B公司已将下一港日照的提单全部预借出去了,急于要赶到日照装货,又担心装我们的货可能会造成日照的货装不下。

为此我专门飞了趟曹妃甸,王姓业务员回到天津,避而不见。船长很年轻,没干几个月船长,提出两点:租家不同意装,广海公司不同意。我找王姓业务员:"你不装我的货,我会让你日照的货也装不成。"在压力下,他不敢说不装了。但是这位船长又借口公司不同意装,我说,公司哪个不同意装,我来与其探讨,但又不肯讲,书面通知也不肯给。

最终 J 轮没装我们的货。在客户的要求下,我们安排了广远的船来装这个货,在这种情境下,我们损失 6 万美元。

了解到天津新出来很多租船人,视合同为废纸,好多北方的同行劝我一定要给他们一点教训。是啊,要给他们一个教训,与我们做生意,就要守合同,守法律。

对这种皮包公司,一定得取得保全才行。因为没合作过,银行账号不清楚,航次租船合同里要写明银行账号,这是本次事件的教训之一。

知道属于 B 公司的财产只有船上的燃油,国际通行做法是起租时租船人要将全部或者部分燃油买下。当即找了国内第一大海事律师事务所,落实保全事宜,船的下一港是日照港,属青岛海事法院管辖,了解到在威海法庭与青岛本部都曾成功地用担保公司出担保扣过船与燃油,但是在日照有个派出法庭,沟通下来,日照法庭要求提供银行或者现金担保,不接受担保公司担保,也不接受房产担保。尽管后来曾说服青岛海事法院本部口头同意接受担保公司担保,但是还是考虑与日照法庭关系,不了了之。

还是办银行担保吧,好歹我们也算是银行的优质客户,拿现金押在银行,仅是出份担保总是很天经地义的吧!

然而实际事情没这么简单。客户经理非常热情,但保函一定要用他们银行的格式,按他们的程序来办,但是具体哪种保函他也想不出名字来,东打听西打听,终于明白了,叫《诉前财产保全担保函》,他们银行有格式,有办理程序。但所有担保函一定要先办贷款卡,办就办吧。但是对于保函的格式与日照法庭产生分歧,银行担保书一定要写起止时间,但是日照法庭不允许写结束日期,说官司可能打数年,只能写争议解决之日,但银行又不接受。

试试在新加坡扣油吧,新加坡属英美法系,保全是不需要担保的。但通过新加坡律师了解下来,最大的障碍是要证明船上的存油是属于租船人的。其实这个证明是很难的,这是本事件的第二个教训,重要货物航次租船合同中有必要写明期租链(TIME CHARTER CHAIN)。

争议过程中,发现广海对期租租船人预借提单无动于衷,恰逢钢材跌价,预借时间长达大半个月。也有网友表达出原船东不知情,不应承担责任的观点。这是完全错误的,与一些大船东做生意,特别是欧美船东,租家背景不达到一定程度,不会把船租出去的。甚至财大气粗的租船人说:"我付钱不行吗?"不行,有时船东认可信誉(REPUTATION)没问题,但是执行(PERFORMANCE)不行也不会把船租给你。二船东完全可以把原船东出卖掉,杨良宜的书中讲得太多了,倒签提单的法律后果不需多说,国内钢厂预借的提单都是船代签发的,船代作为原船东的表见代理是世界上绝大多数国家都认可的,怎么可能原船东不承担责任呢,那收货人的权益如何保护呢?

# 从听周其仁讲座中,我得到的感悟 ▶

**2013 – 11 – 19**

11月18日晚听了周其仁教授的讲座,由杨蕾主持,郑永刚、卓福民、王力群、王红新、陈琦伟、徐子望等人参加了对话。

周其仁教授讲得十分精彩,正如读书,要越读越薄。

数千年来,中国从不缺少低端繁荣,我们要避免低估未来30年的高端市场,市场经济再向上,是跳跃性的发展,只要国际环境可靠,政治清明,未来是可期的,看不到这一点就不会有准备。讲座在王慧敏的小南国举行,王慧敏是少数的上海籍成功的民营企业家,30年前小南国从四张旧桌子起家,到现在这座豪华酒店以及全球布局的酒店集团,把今天当作当初的四张桌子,你能想象30年后是什么样子吗?不一定会有这么大飞跃,但是有这种可能,中国人历来注重手上有的东西,手上有三个苹果,别人拿走一个会很气愤,拿走两个会十分气愤,别人三个全部拿走恨不得要拼命,但是对于能收获100个苹果的机会常会视而不见。

很长时间才理解周其仁口中的高端市场是指类似于垄断资本主义或者跨国公司之类的经济模式。

自贸区就是定位的高端市场,人均生产总值从几千美元到几万美元,要有发动机。华为从产值十几万元到现在2 200亿元,花了二十几年,再有5~7年,一定会出现产值一万亿的企业,但绝不是工商银行、中石油之类的企业,一定是民企里从竞争行业里杀出来的企业。

# 港口船长的小故事 ▶

## 2014 – 03 – 11

　　有的公司港口船长装货时玩电脑，不好好监装，造成甲板货全部下海，舱内货稀巴烂的，导致严重船损货损，有的二层舱盖被压塌，掉进舱里。原船东倒霉，赔了大量的钱。保赔协会赔了钱后就要提升原船东的装货质量，迫使原船东派人监装，我们后来租船的惨了，而且来监装的都是欧美人，不胜其烦。

　　派来的 SURVEYOR 有的比较胆大，对工作没什么阻碍，有个家伙竟然要求 68 吨的重件只要绑一侧，即把重件向舱壁拉紧即可，胆子比我们还大，但我们还是老老实实地两侧拉紧。

　　有的则很难缠，最难缠的就是一个美国人，有租船人在大连两天即可装完的货，在他的严格要求下，装了 5 天。美国人的要求是按照国际标准来，不管你是不是沿海航行，也不管你什么季节。美国 SURVEYOR 身高 1.90 米，大胡子，50 岁左右。头一天，我看看走了，只要要求合理，尽量满足，我也不吭声。

　　早上港口船长汇报美国人太难缠了，睡了一夜起来，竟然要求暗舱里已铲好的三层钢结构翻舱翻下来，说太危险了，建议船长关舱，当然关舱马上被我们港口船长顶回去了，租船是来装货的，关舱就停租。码头也发话了，再装两天也装不完啊，看来得我出手了。

　　我装过几百条船，没遇到过配合不好的船长。大多情况下，我都是以理服人，早年跑船时，航海的每一个学科我都感兴趣，在货运方面也发表过十余篇论文，再者根据所处的合同地位，争议都能妥善处理。

　　我一到舱口，美国人就指给我看，有一件钢结构下的垫木被压破，要求翻出来，我很坚决地说，不会翻，要求一起到船长处聊一聊。

　　船长在忙于 PSC 检查，到大副处，我解释，垫木的主要作用是防止钢铁与钢铁之间摩擦，尽管压破，还是起到减少摩擦的作用，用不着翻舱。然后我举出昨天他要求绑扎公司钢丝夹头必须拧螺丝的一侧位于钢丝长的一端，而且要拧三个钢丝夹头，我说，这是良好船艺（GOOD SEAMANSHIP），并不是 IMO 公约要求，我上 5 个钢丝夹头，拧螺丝的一侧尽管位于钢丝的短端，你能说我不安全吗？美国人拿出船上的绑扎手册,指出手册上要求这样拧夹头。我说我们租船,必须遵守三点:(1)租约;(2)IMO 公约;(3)装卸港法律。我这样上夹头,违反了哪条?他说 SOLAS 公约,系固手册是根据 SOLAS 公约制定的,我说,SOLAS 的确是要求制定手册,我这样上夹头本身并没有违反公约啊。他找出公约,查找条文,我说 SOLAS 公约我读过很多遍了(得益于跑船时英文版的公约读过几遍),没这样的规定。

我指出来,我们的港口船长都是 24 小时工作,今天早上听港口船长汇报:"你昨天晚上睡觉了,今天很晚才起来,发现昨天晚上装货装得不好,为什么不早指出来,谁付倒舱费?我要向你的老板汇报,向原船东投诉。"说完我甩手走了。

处理完别的事情,又准备到船上与船长聊聊,他还在忙 PSC 检查。在餐厅碰到美国 SURVEYOR,我按照美国人的方式向他打招呼,他也很热情地过来与我握手,说船长碰到 MSA 就像在美国碰到 COAST GUARD 一样,要热情地握手。然后聊了很多,聊他以前在深圳的一家美国石油公司工作,与旧金山的家人商量要不要换到现在这家检验公司工作,到这家公司工作了很长时间,他是协助大副工作,大副很忙有时也需要休息,谈到他毕业于旧金山海事大学,在船上做过大管轮(难怪与我翻公约胆怵),然后做了多年的石油工程,表达了我们会合作得很好,然后谈了几个细节问题,请教了几个专业术语的中文翻译。

后面,当然是配合很好了。

# 现在看,我的路线图还是颇有远见的 ▶

**2014 – 03 – 25**

早在 2013 年盛夏我就规划出我们的路线图:第一步,那些实力不济(当然不仅是资金实力不济)的经营人会慢慢停下业务来,或许应了一句老话,其兴也勃焉,其亡也忽焉;第二步,那些貌似强大的船东慢慢停下业务来;第三步,到 2017 年,我们的好日子来临了。

现在第一步已经来了,基本上实力不济的经营人慢慢消停下来了,因为投资人不会容忍持续的亏损。

第二步已慢慢开始了,最先被引爆的船东表现为技术上的因素,包括提单、严重货损、海事,下一步被引爆的是金融问题,欠银行的钱,总是要还的,对民企来说,超过 10% 的融资成本,目前没哪个行业可以承受。

第三步,在国外低资金成本地区的船东支持下,我们来收拾破碎的山河。

为什么说是 2017 年呢? 曹文锦先生在 2009 年时就预言过,我深信不疑。①

# 绑扎垄断之不可行 ▶

**2014 – 07 – 24**

绑扎是一块很大的市场,据我粗略估计绑扎的销售额约占到码头装货费的近 20%,钢材略少一些,设备有时绑扎费会超过装货费的 20%,市场巨大,全国各地,各色人等,觊觎者良多。某港个别早期从事这行业的小老板行事高调,开豪车、豪赌,好似发了多大财似的,引来不少眼红者,其实,绑扎工人赚的是怎样一份辛酸钱啊。没日没夜,做着最卑微的活,穿着最脏的衣服,随处躺下就能睡着。只有最能吃苦、最能忍耐的年轻人才能吃得下这碗饭,十几年前勤劳的江苏灌南人就来做这份最低微的工作,做到今天,早就闯出一番天地,整个长三角地区,到处都有灌南绑扎工人的身影。

1. 上海港件杂货的竞争力很大程度上,不是因为领导水平高,而是绑扎公司的充分竞争、绑扎工人兄弟吃苦耐劳工作的结果。我们见得太多了,比如黄埔港,绑扎焊一个地令需要 200 元,而上海港只要 80 元,绑扎一方货要 20 元,而上海港只要 10 元,上海港基本上可以做到完货后 2 小时开航,很多港口,装完货,还要至少绑扎半天才能搞定。我们就成功说服很多货主,把货从山东、福建、最远的广东拉到上海出口,一大优势就是绑扎成本低廉。

若任凭垄断,失去绑扎的低价优势,客户只能用"脚"投票,从韩国、日本、新加坡、中国台湾省的港口发展看,港口过剩是必然的! 上海也已不远了,国外的模式就是港口只提供码头,收码头费,其他全部由不同的有竞争关系的供应商提供,这是必然趋势。一个码头由几家独立的装卸公司竞争作业,我有生之年会看得到的,就像绑扎公司一样,由船东或者货主选用。

2. 行政垄断不可行,借用海关给别人绑扎材料清关制造麻烦肯定行不通。我

---

① 高盛 2015 年预测航运复苏要到 2020 年

认为，绑扎材料上船可以不报关，世界上大多数国家都是鼓励本国商品出口到国外的，对外轮在本国采购物品都是大加鼓励的。

3.其实我心里盼望着有一家有实力的公司垄断绑扎，因为，目前的绑扎公司都是相当于提篮子卖菜的小贩，不是合格的民事主体，公司牌子经常换，闯了祸也承担不起责任。

拿最新海事法院判决的"尤利"轮案件说，该轮遭遇台风，甲板货全部下海，舱内货稀巴烂，甲板货主还没找事，舱内货的货主官司倒打得很起劲，扣了船，拿到了300万美元的担保金，官司打下来，船东免责成功，不需要赔任何钱。但是接货的货代公司要承担20%的责任，因为他没有能举证出绑扎用的材料是合格的。20%的比例看似不大，由于损失是1 645万元，20%就是329万元，不是个小数目，并且货代公司是极难向绑扎公司追偿成功的。

# 中国海运业潜伏的大问题——人才断层 ▶

**2014－08－06**

周日在码头上看到一条重吊船船员在吊大件（图2），看着水手们操作还算熟练。知道该船东买回重吊船后，中国船员闯了很多祸，被迫请了菲律宾船员，看来菲律宾船员把中国船员带出来了，现在中国船员操作得也蛮好嘛！

回来后，我们港口船长告诉我，那条船出事情了，吊带断裂造成150吨的大件损坏，船也被碰坏了。我们分析，水手操吊不是主要原因，是吊装工艺的问题，也就是一头用一根尼龙吊带兜底，吊带容易从衬垫的吊点滑出，被旁边的棱角割断。后来每侧改用两根钢丝起吊就没有问题。小小的细节，损失巨大！道理其实并不复杂，细节决定成败，每条船每天都会面对这样的细节。

学费是非常昂贵的，看到过数百万美元的货损学费，如何避免呢？无奈地发现简直是无解的，高昂的学费难以避免。

1.最有效的方法是学习间接经验，把别的公司装卸货过程中遇到的经验与教训总结成出版物，以便学习人家的经验、教训，乃至列入自己的公司操作手册中。

悲哀地看到，中国没人做这事情，连类似 *THOMAS' STOWAGE*（图6(a)）的书都没有出版过，即便连科普性的，如《绳结百科》（图3(b)）都没有，家庭用绳结书倒不少。这个事情该海事大学、交通运输部的研究所、大型国企去干的。

图2　某轮水手吊大件

（a）　　　　　　　　　　（b）

图3　图书照片

说实在,我们工作中的很多方法对外是保密的,禁止员工整理出论文,因为这是商业秘密。

2.虽说中国有几十万海员,但海员素质下降是不争的事实。

现在的海运院校航海类学生学习竟然围着海事局的考证转!这就和科举考试一样,只知有朱子(朱熹),不知有苏子(苏轼)。国家标准是最基本的要求,优秀的学子要掌握很多相关知识,不学好球面几何、天文学,读海运学院做什么?把国家标准当最高标准,怎么能生产得出高水平的产品呢?

3. 学校若没学好也可补救,因为航海是实践性很强的学科。

早在北洋海军时,有刘步蟾等科班留洋的将领,也有实践中学习成长的优秀人才,比如镇远舰后期的代理管带杨用霖。我过去有不少同事,高中毕业从水手做起,做到船长,有的是非常优秀的船长。

4. 向外国同行学习。

要认识到中国与国外航海技术的差距,不承认是不行的。中海雇佣菲律宾人上万箱船,北方船务雇佣菲律宾人做 VLCC,重吊船东请菲律宾船员干,这都是无奈之举,一旦交学费,可不是增加一些船员工资所能承受的,何况工资还未必增加呢!

以前有朋友给欧洲船东散派船员,现在几乎派不起来了,英文好的船员难觅,沿海城市几乎没有了,内陆地区的年轻人也越来越少。吃不了苦,受不了气,不会与外籍船员相处。连西方的工作环境、工作氛围都适应不了,怎么能向国外船东、船员学习技术呢?

想起 1996 年我跑日本—美西的原木航线,中国船以前的确是不敢进白令海的,我们跑了一年,感觉很好啊!看到某单位一条装油菜籽的船近岸航行还用空白海图,水手与大副不和,直到把船开上了千岛群岛。

外派不仅是赚外汇,更是学习西方先进航海技术的机会!是需要得到国家扶持的,甚至基金支持,否则路会越走越窄。

5. 低级船员差距有待弥补。

很多年前我就一直呼吁,优秀的技术工人是人才。现在的薪酬制度是留不住优秀水手的。赚着与保姆差不多的薪水,谁愿抛妻别子成年在海上漂啊!

每条船的船长业务是相似的,但大副、水手业务千差万别。大副这个层级也留不住人,绝少有人做十年以上大副的,都很快升任船长了。然而航海技术差距是体现在大副与水手身上的,特别是各种各样的专用船,更是如此,重吊船、半潜船、VLCC、VLOC、LNG、子母船,等等。

目前陷入一个怪圈,我们造得出船,却开不好船,回想一百多年前,沈葆桢搞船政学堂,造船与航海是并重的。重造船轻航海,重买船轻管船,重高级船员、轻低级船员是要不得的。

当然,航海现在是很成熟的工业门类,也不像过去,需要世界上最聪明的人来做,但毕竟属于工业,实践性非常强,正视差距,才能缩短差距。

# 海员该何去何从？ ▶

**2014 - 08 - 09**

　　十多年前，接到调令上船，与女友吃完午饭准备出门时，一直开着的南京音乐台突然播出《哭沙》这首歌，默默听完，静静地离开。在船上时，女友提出分手，伤心不已，公司领导深表同情，关切询问，是不是嫌做海员太危险了，我说绝不会，因为我对她说过，"那样我实践了爱你一辈子的诺言。"当然这句话在公司内部流传很广，成为一些小伙子说服女友嫁给自己的理由。

　　我们这批海员是幸运的，婚恋没听说太多障碍。毕竟，当时二副外派两年，就可以在南京或者上海买一套不是很讲究的房子。十几万一套的房子相当不错了。1997年考大副时，有同学在浦东八佰伴附近4 000元每平方米买了两套房子。2001年我做船长时，月收入约1万元，做一年差不多可以买个小套房子了。

　　二十世纪七八十年代，我国台湾省有十多万海员，我粗略算过约占我国台湾省男人的1%，有很多有名的关于海员的歌曲传唱海峡两岸，包括《哭沙》《水手》、邓丽君的《海韵》《襟裳岬》等。那时海员的薪水是陆地同等职务的大约6倍，不少我国台湾省大学毕业生上船做实习生，一些人做到船长或轮机长，那时也是"长荣海运保持世界第一"的年代。然而今天我国台湾省海员据说仅剩下区区4 000多个老人了，近年我合作过好几位七十几岁的老船长。前些年我国台湾省取消了海员的年龄限制。

　　船上薪水是陆地上同等职位薪水的3倍是分界线，超过3倍才有人愿意上船做海员，6倍是很好的工作。

　　然而在上海，我了解下来，天天往办公室送快递的快递员月薪多在5 000元左右，带孩子的保姆4 000元左右，照顾老人的保姆至少5 000元，后两者必须包吃住。前几天《新民晚报》报道，有人请过7个保姆，体检下来只有1个身体健康，甚至还有"大三阳"的。

　　按3倍标准，水手的工资要15 000元才是有人愿意干的门槛。然而目前很多水手工资在4 500元左右，还比不过保姆，中远系统在1万元左右。我们的港口船长反映，中远的水手们素质不错，其他公司没见着好的，薪水差别使然。这么低的工资之所以还有人做水手,是前面画了张饼——等有一天做了大副,工资就会有4万元啦!

相比较而言,大副以上级别薪金水平处于陆地同等管理岗位 3~6 倍之间,属合理范围,但与大城市的房价已没有任何关系了。

毋庸讳言,操作级海员早已严重短缺!

1. 每年出生 1 300 万孩子,大学招生就招去 700 多万,以做普通工人为目标的孩子只余下不到 600 万。然而还有 2 亿多老年人口需要照顾,不是自己儿女就是别人的儿女来照顾,需要大量劳动人口来从事这项工作。4-2-1 的人口结构,养老是社会不可承受之重,保姆工资还会继续上涨。

2. 社会容纳不了每年 700 万大学生就业的,大学就这么多专业,那么多学生学医、学法律,结果真正做医生与律师的只有 10% 左右。学航海的趋势将与此相似。

3. 与我国香港特别行政区朋友聊天,香港"菲佣"薪水每月 3 800 港币左右,另加每年两次机票。无疑"菲佣"的竞争力非国内保姆可比,而上海保姆的薪资水平已远超我国香港特别行政区菲佣,屏障无非是外籍劳工准入问题。

4. 海员很大程度上不存在外籍劳工问题,因为中国船大多数挂方便旗,近五六年,聘请外籍海员的公司越来越多,有的公司请的全套朝鲜海员,或者越南、印度尼西亚、缅甸的大副、大管轮,也有比较特殊的船,比如 VLCC、一万以上箱位的集装箱船、重吊船,请全套菲律宾海员。请外籍海员的一大障碍是国产船故障率高,国产船舶机械全球维修体系没有建立起来,需要中国海员把船舶管理变成船舶修理,如除"江南""沪东"等老牌船厂外的国产船的水准也能达到韩国船厂的水准,我想雇佣全套外籍海员的公司会越来越多。

5. 海员服务雇主评价体系不完善,很多行为恶劣的海员混迹不同的船员公司,优胜劣汰机制没有建立。很多海员契约精神远远不够,有时不管合约是否到期,看到别人出高些的工资,不管不顾闹着要下船,船头下船,船尾就上船。当然,对雇主的评价也是建立在口耳相传的基础之上。

6. 海员是绝对的弱势群体。双重体检反反复复闹了多少回,才在总理的重压之下有所平复。

回想 2002 年,我离开船时,感觉海员还是受人尊敬的职业,比我们年龄大一些的,有军舰航海长转业当二副的,20 世纪 80 年代上海远洋的铜川轮,就是个高干子弟轮,好些省部级领导的儿子做海员,还有元帅的孙子做水手的。

# 上海民工严重短缺,制约了港口业发展 ▶

2014 - 09 - 04

同事的儿子二十五六岁,上海出生,上海长大,上海读的高职,非要说人家不是上海人。

邻居是闸北街道医院的医生,医院只有一半人有编制,没编制的工资、奖金据说只有带编制的一半。

一条190米长的5万吨的船靠罗泾码头,只能安排一条路装货,找不到工人。一个码头造价数亿,一条路几个工人慢慢磨蹭,这就是资产配置的效率!港务局到处去招工,效果很差,招不到40岁以下的,好不容易招来个老头子干不到一个月就跑了,跑时还带走两个人。最近十年,没见过一个上海年轻人做装卸工的。

回想20世纪90年代初,我跑上海—新加坡杂货班轮,很多上海人做装卸工,工资一千多块,同工同酬,工资远超一般工厂工人,工厂工人很可能下岗,所以装卸工工作积极性很高。

1998年,我连续装过几次日本援外大米,都是15千克一袋的,装卸工都是青壮年日本人,与所有的日本工人一样,劲头十足,搬米简直是在跳舞。

小时候很多人从南通来上海打工,现在打工的少了,家乡就业本就很容易,还能顾到家,还有很多兄弟省市的来南通打工,房租基本不花钱,公立小学、初中招生不分户籍。这也体现了教育平权,我们的孩子将来无论愿意不愿意,必须要与这些孩子相处,而且必须要处好。

上海要找个照顾孩子的阿姨一个月没4 000元找不到个像样的,找个照顾老人的阿姨,一个月没5 000元也找不到。码头工人累死累活,一个月3 000多元,每一次到码头食堂吃饭,都是一群一群的。这一堆是衣装笔挺的海关,那一堆是一身"戎装"的警察,这一堆是统一制服的理货,最多的是衣着脏兮兮的工人,间或几个送货卡车司机或者驳船老大带着孩子,我总是喜欢逗逗孩子,对工人充满敬意,毫不介意与他们坐在一起,尽管衣着脏兮兮的。

昨天与绑扎公司老板聊天,开玩笑说:"你手下的小伙子是上海港最年轻的工人啦!"这些江苏灌南县的小伙子做绑扎工人,一天250元。老板叹惜没钱赚,几年前只有100元一天。

再大的资产,再强有力的销售,缺了人,什么也不是。而港口业绝不是夕阳产业,能容纳大量就业,也有稳定的利润。据说更看重集装箱产业,件杂货要移出去,我想说任何产业都有周期性,哪天集装箱不行了,想搞件杂货,做件杂货的人散了,客户散了,重新聚集起来岂是易事? 日本、新加坡、韩国、我国台湾省高雄都没有放弃件杂货,上海说要放弃!

# 由"修齐治平"想到的 ▶

**2014 - 09 - 29**

翻看中国版图,中国历史是柔性扩张的历史,怀柔远人,的确主要是靠的儒家思想。我觉得还与汉唐以来的低税政策有关,归化中原王朝征很少的税,番属朝贡也是贡得少返得多,又能和平,何乐而不为呢?

几千年来中国的文人都有修身、齐家、治国、平天下的理想,出处应在《大学》:"心正而后身修,身修而后家齐,家齐而后国治,国治而后天下平。"为什么当今的官员不可以有这样的理念呢? 说来话就长了,要从传统的政治结构讲起了。

有人说,中国的历史是披着儒学外皮的法家统治,半部《论语》治天下当不得真的,读书人主要还是充当顾问与执行者的角色。汉、唐、宋、明皇帝的权力都是相当有限的,汉朝的宰相权力除了汉武帝等几个强势的皇帝外,很多时是超过皇帝的。

唐宋的圣旨叫敕令,必须要有丞相副署的。唐朝时是三省六部制,简单说中书省是拟圣旨的,这权力最大,定旨出命之权实操于中书省,门下省是传旨的,给事中是门下省的,若反对此项诏书,可以封驳、封还,这是一种副署权,没门下省的副署,中书命令便不得发下去,尚书省是干活的,皇帝同意就画敕,皇帝是同意权。中书、门下、尚书省的长官中书令、侍中、尚书令都叫宰相。一句话比较有名:"不经凤阁鸾台,何名为敕",武则天时代,中书省改称凤阁、门下省改称鸾台,意思就是不经过中书、门下省,皇帝不得下诏书的。

以后中国历史上名称虽然不同,但是承担这三省的责任者一直是有的。《唐六典》一直沿用到清末。当然也为朝鲜、越南等番邦所用。

宋代的圣旨(诏书)也必须经宰相的副署,一次赵匡胤要发诏书任命赵普为宰相,这时恰好没有宰相了,没人副署就发不得诏书,最后讨论来讨论去,找来开封尹赵光义副署,所以后来即便有赵匡胤去世时的烛光斧影,也没人说赵光义篡位,就是因为开封尹由于有副署权相当于储君。

明代的宰相是由皇帝兼任的,但是内阁是有封驳权的,看畅销书《明朝那些事》,大学士用过好多次封驳权,皇帝只能干瞪眼。

清朝略有不同,圣旨叫上谕,皇帝直接发的。比如乾隆想由四口通商改为一口通商,嫌由户部来主导廷议麻烦,直接下发了上谕规定由广州一口对外贸易。

中国的法院有一个权力:合同显失公平,可以裁决合同无效。律师告诉我,好些法官都想要用一己之力维护正义,也许他(她)有"修齐治平"的理念,但这直接造成了判决的不确定性,100个法官心中有100个正义的理解,有100个"修齐治平"理念。相反,伦敦仲裁的裁决大多数相当稳定,争执双方很容易达成和解,大家都可以预见判决的结果,该妥协的就妥协了,甚至妥协到30%还是35%都有定论。

# 航海与航运不是一个学科 ▶

**2014－11－01**

很久很久以前,远洋公司领导培养程序是这样的:船长—航运处长—总经理。这套程序有其合理之处,若违背了很容易会带来这样那样的问题。

最近刘巽良老师遭到一大帮国企的群起围攻,原因是他指出了很多银行受船长、轮机长误导,投资了很多船,这些船长、轮机长都是作为高级人才引进过来的。

作为曾做过船长的人,我深深明白他们的误区在哪里,航海与航运不是一个学科!

诚然,航海与航运有关联,但差别还是蛮大,航运最对口的是海事大学的国航系。很多国际上的大公司,船长出身的人只能做操作,租船的大多是30岁左右的小伙子。租船的做操作,知识可能会有局限,毕竟指导船长做什么,有船上经验还是重要的。而租船需要反应快,市场把握灵敏,很多信息一看就印在脑子里,要善于抓住商机。

船长改做航运,最起码杨良宜那一系列书是必须要啃下来的,这才是入门基本功,然后还要经历数年的操作再做租船。我身边转型转得好的船长,基本都经历过这一段过程,散杂货方面做得好的,大多做过多年的港口船长,在码头摸爬滚打多年,船长与港口船长的思路是完全不一样的。

航运业内人才济济,曾经我也自恃背过不下一万英文单词,跑船去过四十几个国家,算是应用自如,很年轻就转行。又正儿八经跟着业内泰斗胡晓霞女士、希腊Polembros 公司租船经理 Mr. Tasos Alexandrou 做过一年多租船,中国租船公司的前任总经理也指导过我好几年,但做起来还是费劲,业内很多人做梦都是讲英文的,很多海归,还有牛津毕业的。感觉自己只能是泯为众人矣。

说实在的,语言需要童子功的,我的初中、高中英语都是物理老师教的,20 世纪 80 年代的农村中学,哪里有科班出身的英语老师啊!

1. 航海与金融差别更大了。2003 年前后曾到上海财经大学偷听过一年多的MBA 的课程,郭羽诞老先生的课是听完了的,听得云里雾里,还有财务报表分析课也是听得稀里糊涂。后来有机会认识交通银行、上海银行总行的一些朋友,感到他们简直太聪明了。航海是工科,多年养成理工科的严谨、理性的思维,金融有时需要形象思维,曾经的世界船王包玉刚就没上过船,希腊、德国很多上百年历史的家族船东老板也没上过船,船长出身的金融家更是很难得一见。两种思路,绝不是演而优则唱的演艺界转型。从不知道 LIBOR、TIBOR 到天天玩这个,而且要玩得精,不仅要付出汗水还要有天分。

或许船长做顾问可以,主导决策,那就过了。

2. 船长很容易存在私心。每一个船长都希望有自己的一支船队,越大越好,这是很朴素的理想。只要不是自己口袋里掏出真金白银去买船,以自己的身家性命来担保船队命运,就难以理性地考虑船队的命运,大到央企负责人,小到民营老板聘请的总经理,都是这样。船队情结害死人啊!放在几大银行里,船长们如鱼得水可想而知。

我在跑船时,有过梦想,凭我的才华,管 50 条船应不成问题,实际上自己买了第一条船时,才发现管一条船也这么费劲啊。不以自己身家担保的决策系统里,人们不会有我管船时考虑得那么多,钱只要合理,就花呗,人手不够再招呗。

3. 航运业是高淘汰型的行业,中国人极难把握住市场的节奏的。像包玉刚当年急流勇退地撤离航运业,不是一般大手笔的人能干的,因为世界第一大船队很容易成为世界第一大包袱。相比较希腊人有上百年的现代航运历史,什么高峰、低谷都经历过,那些操作的手法,国内一般公司与其相比还有很大差距。

比如造船,中国船厂在伦敦就基本没有打赢过一场官司,船厂聘请船长做高管的很多啊,但对造船合同,理解就差远啦。相比较租约方面,中国人胜负倒很正常,因为这得益于胡晓霞女士早年拟定的宝钢租船合同,借着宝钢的强势地位,获得了世界上主流船东的认可,别的钢厂一直借用,所以也不吃亏。有的经纪人一年定一百多个宝钢格式的租船合同,每个条款都倒背如流。

那些大经纪公司为什么要设立研究机构?那些研究报告是要花钱买的,当然也有研究机构预测错了被告上法庭的。对市场把握最准的是经纪公司,绝非某个工厂或船东。

脱离了经纪公司的专业分析做船舶融资,无异于盲人骑瞎马——夜半临深池。

4. 未来年轻船长的素质更是下降严重,详见拙文:《海员该何去何从?》(见本书 73 页)《中国海运业潜伏的大问题——人才断层》(见本书 70 页)。

陈伟炯教授曾说,船长是什么,过去英国作为日不落帝国时,船长出去征服了某个地方回来那是很荣耀的,船长的地位是总督。我深以为然,近来研读晚清史,晚清时,船一到港,船长都是腰别左轮手枪,与各个贸易商直接谈生意的,经常拜会官员,当然那时是没纯商船的,都是武装的,经常与海盗争斗,甚至参与战争。2006年哥德堡号到上海时,特地去看了一下,船很小,一千多吨,在当时就是巨轮了,上面有很多炮,但她就是商船,甚至左右着一个城市的兴衰。

卫星导航普及以前,一定要绝对聪明的人方能做高级海员,中国历史上也有过学轮机的做总统的黎元洪,两位学驾驶的做过代理总理的萨镇冰与杜锡珪,当然最有名的还是学轮机的作家鲁迅。

# 关于外轮理货不得不说的一些事 ▶

**2014 - 11 - 25**

今早听说国务院下放外轮理货资质审批权限到地方交通厅、交通港口局,停滞20 年的外轮理货改革终于有了要迈一小步的趋势。

原先中国只有一家外轮代理公司,也就是外代,一家货代公司,也就是外运。放开船代、货代后,天也没塌下来,先前总以为放开怎么得了的人显然多虑了。

多年来,一直困惑我的一个问题是,根据件杂货海运中中国人最常用的金康合同,装上船的货必须是理过的,也就是理货费必须是货主出。多年前我曾与一家欧洲船东较量过这个问题,船上装了 200 根管子,外理向船东收了 2 万多元的理货费,船东向我要,我拿出了 20 世纪 60 年代的交通部文件,让船代施加压力动之以情,在请教律师后,最终确信我是理亏的,船东付了理货费后,是有权根据租约向货方追回的,此事以船东未深究而告终。

为什么中国货主普遍性违约,而又总能得逞?

为什么富可敌国的马士基、达飞等班轮巨头甘愿替货主付集装箱理货费而没见他们抗争?

今天才搞明白,集装箱理货一个外尺寸 38.2 立方米的标箱 15 元人民币包干,不管刮风下雨,不管白天黑夜,外理都要派人每个集装箱扫码、看箱子残损、看铅封,折合 0.39 元一立方米的单价,外理服务有利润但也相对合理。难怪大班轮公司不去抗争,这一定是谈判的结果。

但件杂货船东都是分散的,没有力量与港老大抗争,付出高昂的理货费后,又得不到服务。

1994 年的收费规则,与今天相比已出现了千差万别的变化,20 年前全是小袋货,一吨理货费 3.45 元,今天上海港没有小袋货进出口,至少是吨袋货(一袋货一吨左右),也是一吨 3.45 元。20 年前,中国没有民营造船厂出口外轮,今天民营造船厂造好一条船出口,理货公司过来要按船的长×宽×高得出的体积来收理货费,为的是往海关系统里输一个数字"1"。

由于理货的垄断性,尽管有统一的交通部费率,随意性还是很大。比如装设备,按道理该按清单一件件地归类算理货费,因为码头收装卸费也是这样收的。但是实际中,是按一票票货的总的积载因素(体积除以质量)来收费,为什么这样?说太复杂,按件算不现实,加之还有夜班、节假日加班费,难以计算。

从理货公司口中也听到,我国台湾省理货放开后,十几家理货公司竞争,大家都很苦,影响对船东的服务质量。但是,我们知道,该交给市场的早晚还是要交给市场。

## 不是谁都可以做船舶经营人的 ▶

**2015-02-15**

缺少了船舶经营人(OPERATOR,以下简称 OP)的市场将会是什么样子? 集装箱市场就是，收你两百来个附加费。散杂货方面很有可能到非洲设备的运价从200美元一立方米减到现在100美元一立方米，实际现在很多货的运价是30多美元一立方米。

要清醒地认识到中国的海运业还处于发展中国家水平，欧美大船东有定价权，然而，有了船舶经营人，这一切都改变了。

船舶经营人，又称租船人，经营模式是以一天多少钱租金从原船东处期租船，再以一吨多少运费从货主处接货，形象地称作背靠背，对船东来说是货主，对货主来说是船东，这行业有着一百多年历史，是纯粹的传统产业。计划经济年代国内做租船的仅中外运租船处一家，我的老师胡晓霞女士早年曾任该处处长，该处出来的人大多成为租船界的精英，有的是现任央企高管。老一辈租船人玩的是技术流，给中国租船业打下了良好的技术基础，可惜他们没有参与制订出能为国际市场接受的造船合约，否则中国的船厂不至于伦敦仲裁败诉率达到99%。租船合约海外仲裁胜败率很正常，这真得感谢老一辈租船人，宝钢格式租船合同在国际租船界广为接受，也是胡晓霞女士20世纪90年代依托宝钢的支撑强力外推的结果。

记得2007年，某大船东对我说，这年头，玩战术的还是不如玩战略的。在那令人疯狂的2006—2008年，每个人都赚得盆满钵满。所谓的战略就像20世纪20年代初的张謇与20世纪30年代初的荣宗敬、荣德生兄弟一样，不顾一切地扩大产能。福建某县一直处于海防前线，县民擅长打山洞，据说全国隧道70%是他们打的，赚的钱全部投入购船，赚了很多钱。3年前问他们过得都不错吧？结果一声叹息，知道2006—2008年他们是赚了不少钱，但大多人又筹得更多的钱造了更大的船，如今船价暴跌都栽进去了。

这年头没什么战略好玩，只得老老实实地切磋些战术了。然而OP玩不下去之声不绝于耳，可以预见今后数年，做不下去的OP将更多。

回想起来，有几类人是做不得船舶经营人的，请勿对号入座，这里的几类人泛指有类似思维定势的人，克服这些思维定势，定会闯出一番事业。

1. 国企高管出来做不得OP

因为这是两种不同的语言环境，船舶经营人是纯市场的，而且是完全开放的国际市场，不仅要与欧美的"巨无霸"共同游历，而且还有很多民营"食人鱼"在围攻。

2. 经纪人出身且有经纪人思维定势的也做不得OP

经纪人追求的是成交，赚与赔那是租船人与船东的事情。某一天角色转变，自己说了算，发现成交太容易了，赔了钱才发现原来要自己买单的啊！曾有好友做经纪人赚了好些钱，两个小伙子，曾经一年赚过400万美元，要转型做OP，拿了好几条船，优秀经纪人的拿船能力毋庸置疑，哪知3个月后市场急转直下，起先亏损相当于一天开进海里一辆桑塔纳，到后来每天的亏损相当于一天开进海里一辆奥迪，终于没多久,清盘了。

经纪人公司是要做 POST FIXTURE(成交后操作)的,看着租船人操作,没什么嘛,很简单,这里有很大的误会,就像做大副久了,看做船长很轻松嘛,没什么事,真到自己做船长,成天尽闯祸。看游泳是学不会游泳的,类似的例子太多了。有朋友到中散学了几个月租船,回来自信地拿了两条 SUPER MAX,结果市场急转直下,没几个月发现将预亏 1 000 万美元,整个公司陷入冰窟,有世界末日的感觉,据说后来协商赔偿了两三百万美元了结的。

3. 船东公司专门负责定拼货的也不适合做 OP

天天给船东订货,突然动了自己租船做的心思,才发现远远不是那回事,原来做操作也不容易啊！一个小疏忽就会让所有利润泡汤,比如,定船时不定好重卷钢能装几层高,不定好甲板能不能装货,乃至不定好吊杆负荷保证等都是潜在的危险。有的疏忽甚至关系到公司存亡,比如船到卸港吃水不够,等待数月后,不得不找驳船驳卸,港口偏偏是个穷地方,出高价也找不到几条驳船。有人定租金前 60 天 6 000 美元,超过后 12 000 美元,各种原因造成长时间的耽误造成巨额损失。还有的不买租家责任险,在巴西,小小的碰擦码头,就会导致索赔额从起初的 30 万美元,随着租船链,层层索赔,跳涨到 2 000 万美元,最终肯定不需要赔这么多,但是必须要拿出这么多担保来,否则账户、资产被封,足以致一家不错的公司现金流出问题进而面临巨大风险。

订货的人对船东操作中的细节也许不会了解得那么细致,常会小问题导致大损失。现在市场赚钱很难,赔起钱来可快了。有人定罗泾矿石码头起租接船,到张华浜装货,据说打听下来张华浜直靠。这活稍有租船经验的都不会干,除非船缺得火烧眉毛了,不是自己掌控的船,接了非常危险,至少也得清完舱、下引航才能接船啊。结果,果然没能直靠,在码头就开始耽误,到锚地又耽误,损失惨重。我租船都是如履薄冰,有一次定的船驶出港界我接船,结果船在锚地,五天上了五次引航才驶出港界,主机平常好好的,一上引航就熄火。

4. 货代不适合玩 OP

货代老是被大船东欺侮,也想翻身做主人,这其中的危险性可太大了,甚至可能把船东都拖累。

货代视客户为上帝,这本没什么不对,但太过了就有问题了。国内贸易商做出口贸易时总是接受要求清洁提单的信用证,装运钢材船东大多请保赔协会的检验师来现场监装,国内货物品质很难达到清洁提单的要求,货代抽屉里各式印章一堆,保函上想要哪个盖哪个,目的就是替客户拿到清洁提单。

等到这些货代做船舶经营人时,玩得更离谱了,什么预借提单、倒签提单家常便饭,甚至预借提单一个月。更为恶劣的,这些人会用国内货代的一套做法,在租船市场忽悠,什么货都接,然后有选择地装货,不想要的货就甩,视合约为无物。

要认清,租船人干的是刀尖舔血的活,非常危险,不是人人都好玩的。

要说谁适合做船舶经营人?这个年月,还是做船东的、从操作做到销售做起来的人更靠谱,这句话另一个意思是他们也保守得不行。在现今的市场中,保守一点,正常地活着是最好的,等到数年后,大多公司倒在黎明前的黑暗中时,你就迎来了光明。

# 国际干散货海运电子商务难有作为 ▶

**2015 – 03 – 08**

电子商务正深刻地改变着中国人的生活,很多领域正倒逼着改革一步步推进,但我认为在干散货海运领域里难有作为,在经济、司法乃至其他方面有很多制约因素,在改革深化前难有作为。

笔者算是国内最早参与到海运电子商务领域的人之一,十多年前福建有朋友设计 Shipping Mail(一个邮件收发软件)时就参考了我的一些意见。五六年前,好友设计 Marine Circle 租船网站,我是深度介入的,朋友至今已烧了一千多万元,也未成气候。初始之时我就警告过,先前电子商务做得成功的公司都是参照欧美的模式,青出于蓝胜于蓝的,比如携程、淘宝莫不如此,你在做一项前人没有做过的事情,任重而道远,难度可想而知。

我举了个例子,CAPE 租船圈子基本是全封闭的,有多少船东,多少租家,多少经纪人都是很清楚的,外人很难介入这个圈子,货就两种——铁矿与煤炭。十多年前巴西主要三个港口可装货,国内 5 个港口可卸货。够简单了吧,BDI 指数构成里一目了然,简单到希腊一个大船东对我说,经纪人的工作是两项,一是收佣金,二是(吃饭等)买单,然而哪个经纪人的饭碗都没有被撬动。经纪人是有几百年历史的行业,自有其存在的合理性。

最近某网站获得嘀嘀打车大笔投资,意图在国际干散货海运电子商务领域有所突破,我觉得还是要泼点冷水,将困难考虑充分一些,也许能促进行业发展。

1. 资信调查问题无法解决

笔者认为国内金融业发展遭遇的问题无不与资信评估有关,也就是缺乏类似于惠誉、穆迪之类的能承担民事责任的评级公司。海运电子商务也面临着同样问题,交易双方信誉如何难以查考,游戏规则难以建立。我们做了十多年海运的都知道,某些地区擅长"忽悠"的货代特别多,由于国内船舶经营人(租船人)公司无法注册,连很多国际海运巨无霸都是以船舶代理公司或者货运代理公司的名义在国内从事经营活动的,有的干脆就以办事处的名义展开业务,干散货租船人几乎无一例外地以国外皮包公司形式开展经营。

淘宝网是如何解决这个问题的呢?保证金制度。卖家必须要打一笔保证金方可卖货。海运干散货的运费都是以数万美元乃至几十万美元计,若需如此巨额的保证金,电子商务没有其存在的经济价值。若参照期货交易的保证金制度,也难有可行性,第三方无权处置保证金,何况收取巨额保证金可能还需要金融牌照。

说得具体点,比如定了合约,货又备不齐,亏舱费怎么付;船东货接多了,甩货造成损失怎么赔。

2. 缺乏法律支撑

笔者翻了某干散货电子商务网站几个合同样本,竟然连争议的解决地点都没有,适用的法律也没有,这样的合约不确定性就太大了。

我们一定要清醒地认识到,中国的海运业的水平,包括海运司法的水平尚处在发展中国家的水平,与西方发达国家尚有很大差距。我们平常工作中订立的合约99%是适用英国法,在中国香港特别行政区、新加坡、伦敦、纽约仲裁。其实主要原因是英国法的稳定性,什么样的法律地位,该赔多少钱都是稳定的,这样矛盾双方更容易达成和解或者得到可期待的裁决。相反,国内法官对租约,尤其是适用英国法的租约的理解是很欠缺的,国内的仲裁还不完善,法制思维没有像欧美日一样深入国民的骨髓。

3. 国际海运有个强大的支撑系统,难以撼动

这里包括保险保赔规则、船舶金融规则、贸易规则、船舶入级、国际公约等,是个完整的体系。当然这些规则可以通过定约自由、以合约加以规范。但是海运的争议很大一部分是以提单形式展开的,也就是拿着欧美的游戏规则来套中国的服务,可行性是存在问题的。

举个简单的例子,中国贸易商大多接受清洁提单的要求,但实际上出口货物的品质又达不到类似于日本人的让人无可挑剔的水平,船东没义务来配合你贸易商签清洁提单,造成无法结汇。当然,集装箱类似的问题要小得多。

4. 税收制度尚不明了

过去一年是货代业税收政策剧烈调整的一年,一度甚至到了地方税务机关也无所适从的地步,一度有的城市很多货代身陷囹圄。

由于船东几乎都是国外注册的皮包公司,货主付运费时,到底要不要交税,其

实是很复杂的问题。我国与海运的主要国家和地区还有避免双重征税的协议。

　　船东要不要交税也是很严重的问题,因为根据中国税收法规,在中国境内的服务产生的所得都要交所得税,尽管没有严格执行,但不表示这条法规不存在。

　　欧美人的思维是必须要赚干净的钱,中国是不征收运费税的,在税收制度不明了的情况下,大规模电子商务发展是存在太大不确定性的,甚至涉及法律问题。

　　当然我认为在集装箱、沿海干散货运输中更适用电子商务。

　　总之,干散货国际海运电子商务还有很多的障碍需要克服。

# 中国航海日,对拖轮问题的思索 ▶

## 2015 – 07 – 11

　　昨晚来宁波,晚餐时巧遇宁波港的一位副总,聊了会儿,他说要回去"抗台"了。我懊悔不已,我该直入主题问问他宁波港拖轮的经营状况以及对拖轮改革的看法。

　　今天早晨主会场的主旨演讲,还是有一些有价值的信息的,但我知道,任何改革,推进将非常艰难。

　　诚然,拖轮费已成船东不可承受之重,就是在宁波港,我的一万吨的船,一进一出,拖轮费就是近万美元,宁波港与日照、曹妃甸并列为国内最贵拖轮费港口。

　　今天上午恰好与中国香港特别行政区领港会的董事鲍细洪船长坐在一起,我向其问起引航费与拖轮费的问题。拖轮问题完全可以通过竞争来解决,中国香港特别行政区有三家拖轮公司,互相竞争,价钱很公道。

　　中国引航员的两个职责:一是代表国家行使主权,二是受船东雇佣提供技术服务。国内也有领导提议放开引航市场,可能是出于两点考虑,一是通过竞争降低引航费水平,二是限制附在引航员身上的权力,以防不合理使用拖轮。

　　其实,解决拖轮问题,解决思路一点也不复杂,只要打破拖轮的地域限制即可。从法律、从制度上一点点障碍都没有,但实行起来完全不是这个样。

## 航运企业精细化管理之
## "中小航运企业领袖论坛"上的发言 ▶

**2015－07－12**

主持人,徐部长,各位领导:

大家好!

站在这里有点惶恐,宁波是一座有着悠久海运历史的城市。早在北宋时期,全国只有广州、明州、杭州三个市舶司,海运市场三分天下有其一,明州即宁波,泉州与密州市舶司晚很多了。第一次鸦片战争之后,由广州一口通商,改为五口通商,宁波是五个通商口岸之一,于1844年1月1日正式开埠。1854年一位19岁的英国小伙子来到宁波从事人生第一份工作,他就是影响中国政治、经济、军事长达50年的赫德。不知去年宁波成立的赫德学校,是否与此赫德有关。

在这片航运历史悠久的土地上,走出包玉刚、董浩云等世界级的船王,是顺理成章的。更有无论世间如何风云变幻,一百年来始终屹立潮头的泰昌祥。

在这里谈航运企业精细化管理,就如在曲阜讲《论语》——硬着头皮上的。

1. 严守合约

这几天与某央企订货,合同签了一周才签回来,老是说在走程序审核。用租船的术语讲,就是租家"SUB"了一周,放在国际市场,除非你价格特别有吸引力,否则船东不会冒等待一周的风险的,无形中降低了企业的竞争力。

协商一致就成为合同,不一定要盖章签字的,去买瓶汽水2元,口头合同,不必约定你汽水里不能有油,吃了不要拉肚子,不含油是默示条款,喝了不拉肚子由法律来强制要求,所以这样的合同,不必走流程审批一个礼拜。与美国人定一个合同,很繁杂,简直就是一本书,但是与一家美国公司用的合同,其基本条款其他几乎所有美国公司都会接受,决策又变得更快。设想,把廉政条款加入合同,谁受请,吃了一顿饭,赔多少钱,都在定约自由之列,这样决策可能会更快。

我们民企决策就很快,这么多年来,对船东与客户的承诺向来言出必行,哪怕是口头承诺。无论是业务员还是操作人员,答应过就必须做到,这是我们的立身之本。2008年金融危机时,那么多公司毁约,我们没毁过一个约,甚至还船时间到了,位置要求宁波以北,我们花了十几万美元,从新加坡空放回宁波还船。

一些船东,合同已成立了都浑然不知,一旦发生争议,就不是某一方说了算,而是由伦敦或者纽约的仲裁员说了算的,亲眼所见几家公司因此关门歇业,比如一度还比较有名的韩国的 BRIGHT SHIPPING。

信誉,是靠赔钱赔出来的。

2. 有所为,有所不为

我曾写过一篇博客《不是谁都可以做船舶经营人的》(见本书 80 页),调侃地提出国企高管、经纪人、揽拼货的、货代不适合做船舶经营人。十年来,倒在我们身边的公司多了去了,光宁波本地就有不少,郑先富最多时有十几条船啊!

细节决定成败,其实归根结底是这几类人,对于航运中的细节,很难把控。

我一直认为这市场由五类人在玩,也就是原船东、二船东(租船人)、经纪人、货代、货主(FOB 买家或者 C&F 卖家)。每个人只能做好某一个角色,试图全产业链通吃,常会输得很惨。比如,内贸市场上常见的原船东直接找上货主,在国际运输中是非常少见的。哪个大船东不知道 BHP,VALE 几大矿山啊,但至少要加一个经纪人,详见我的博客《国际干散货海运电子商务难有作为》(见本书 83 页)。所以该花的成本,还是少不得的。

但不该花的成本一定要控制好,作为企业老总,一定要有所为,有所不为。对自己监控不住的事情,要有所不为,交给能做的人去做。比如航运,整船货有最近市场成交价可供参考;若是拼货,一吨货定 35 美元合理,32 美元也合理,后天甚至 28 美元也合理,若自己不直接做业务,是很难把控的。我见过做得成功的民营船东很多在航运方面是放弃的,做船舶管理能看得见摸得着。出月薪 7 500 美元可以找个水平不错的船长,一个备件 8 000 元,都可以打听得到,即便有差距,也是看得见摸得着的一些浮动。

3. 成本控制

船舶最大的一块成本是燃油。有船东球鼻艏装了割,割了装,都是西方船东首先做的,可见流体力学方面中外是有差距的。

对于加油时少油的问题,讨论得很多,有一段时间上海的大多船东在新加坡加油,都是派人飞过去的,以杜绝偷卖油、油中打气的猫腻,为什么次次都派人飞过去?常驻人员不出 1 个月就可能被搞定了,只得从公司里不同部门随机抽调有船长、轮机长资历的人去监督加油。新加坡这么法制完善的国度,船东依然像防贼一样防着供油商。相比较日本、我国台湾省很少有少油这回事,可见技术上并不难。

对加油我琢磨得比较多,国内免税油扩容后,也出现油驳藏暗格现象。我宁肯油价贵一些,也要加中燃的油,良好服务是有溢价的,就像澳矿一样,很少短少,总是有意多装个千分之一。

看到一些欧洲轮机长也偷油，有人就一棍子打死，认为每个国家的轮机长都偷油，我唯一没听说过日本轮机长偷油。有的船，在原船东手上就经营不好，到我手上，效益就会有显著提升，我在燃油上与航速上把控相当严格。我的船每一次到上海，我都会自己亲自上船去量油，我只要求轮机长该用多少用多少，多少油烧下去，获得多少航速，节油奖是最无厘头的奖金。每条船都分析能否重油备车，我的几条船都是 BW 主机，都可以重油备车，所以进长江都是一路重油，需换油的船进吴淞口才换轻油。效益是非常明显的。

当然目前国家对盗窃燃油的查处是不力的，油通常还不是船东的油，而是租家的油。你把不是自己的东西卖掉了，明摆着是盗窃，结果是即便东窗事发，还是当走私查处，因为盗窃必须由缉私公安移交地方公安。

我的船抛锚时间稍一长，我就会要求船长把船开出去兜一圈，一次船在印尼，船长没兜，因为我通过船迅网监控着，回来我问船长为什么，他说："你的电报我一看就明白了，那港口周围几个造纸厂，水都是黄的，不会有污底的。"

一旦船有污底，一定要及时清污底，这技术很成熟，也不贵。但是还是要尽可能早点进坞，清过污底后，由于防污漆失去作用，很容易再长出来。

现在通过气导来索赔航速越来越难，报船速简直完全凭借船东的良心，所以避免租入低水准的船很重要，一定要通过船迅网查清楚船的实际船速才可以做决断。

4. 商务营运：多装快跑

充分利用船舶的载重性能非常重要，但说起来容易，做起来绝非易事。我做航次计划时，总是吩咐一句，及早排水，从前向后排。国内不知什么管控原因，无论从哪国来的船都是疫区，排水都要申请，24 小时批复。要知道小船等上 24 小时，几千吨钢材装下去，吃水增大后，排水可能就排不干净了。若上一港是国内，我会提前叫船长将卫生证书发给代理，以便船一靠码头就排水，水排干净了，载货量就能充分利用了。

对于装件杂货的船，还经常受限于局部强度。船舶稳性、局部强度等问题在装卷钢时经常会碰到，就这个问题我写了篇文章——《谈船上卷钢与钢板的衬垫》，见本书 175 页，我认为这篇文章会改变很多人对如何装卷钢的认识。对于稳性的校核，我非常注意，经常与船长充分沟通。

我租过希腊、德国、加拿大、美国、日本等国家近千艘次船，遇过数百位世界各个国家的船长，包括英国、波兰、乌克兰、克罗地亚船长，迄今未遇到无法与我沟通的船长，也从未遇到我的意见在船长处得不到执行的情况。

船东如此辛苦，但抵不上拖轮顶一顶、拉一拉啊，感谢中国海事局陈爱平局长为规范拖轮使用所做的贡献，当面向我确认中国海事系统涉及拖轮使用的文件废止，哪位还看到类似文件，请告诉我。希望有机会与宁波方面会后交流。

### 5. 企业文化融合

听起来是很虚的东西,昨天徐部长强调这个问题,可见其重要性。我们公司曾经有一位日本三菱公司总部加入的员工,之后发现文化融合极为困难,举例来说,船掉了半船货,她的思路是赔再多的钱,合同也要执行下去,那是日本超一流公司——三菱、三井的做法,但是我的思路是,你船东亏多少钱,我赔你就是。昨天张页总裁也说了,选择违约赔偿也是执行合同。冲突就比较严重。

所以后来我们公司的员工基本都是自己培养,基本是员工学校出来后的第一份工作,或者是船上下来的第一份工作,为的是避免文化冲突。但也有痛苦的时候,辛辛苦苦培养出来的员工被世界五百强挖走了,2006年、2007年航运高涨,招不到国航系的毕业生,只能招英文专业、机械专业的员工自己培养,3~4年后成为独当一面的好手,走了,痛苦是难免的,但是我绝不会挽留,因为只要认识到培养员工是企业的责任与义务,也就没什么了。当然,自己培养员工也是为了避免目前各企业贪腐盛行的风气浸染到我们公司。

时间有限,不能展开讲了,有兴趣以后可通过微博与我互动,一起相互切磋。

# 新时代的海员问题 ▶

**2015 – 09 – 27**

要点:1. 部分航海培训学校是落后产能,淘汰或者转型在所难免;

2. 建议水手值班证书应发尽发,由船长考核,海事局认可;

3. 建议建立企业实习制度,由向海事大学拨款改向企业购买实习岗位;

4. 希望中国航海学会能得到海事局的支持,建立普通海员的数据库;

5. 提议设立船长公会。

1911年,邮传部尚书盛宣怀给皇帝上了《筹办商船学校大概情形折》,[①]奏称"惟商船学理深邃,程度极高"。

一百多年来,只有最聪明的人才能读航海,否则是学不会天文航海的,天文学是与数理化一样的基础学科,以前但凡考试被挂掉的,十有八九都是天文过不去。

---

① 上海交通大学历史博物馆史料

为吸引足够聪明的人来读航海，一百多年来的航海教育都是免费的，包括笔者在内，学航海都没花过一分钱学费。所以一百多年来海员一直是高素质的一群人。海员中出过很多人才。[①]

事情发生转变始于 20 世纪 90 年代，拿驾驶来说，卫导及 GPS 的普及，使得最考验人智力的天文学变得不再重要，普通中学毕业生就可以去学航海了，海运再也与冒险没有关系了，成为十分成熟的工业。

笔者在 2007 年买了第一艘船，当时深受三副、二副层级海员短缺之苦，年关时，找出一个带三副证的海员把船开走一度是很多船东的梦想，有的公司被迫用船长代班做三副。那也是各种海员培训机构暴发性增长之时，各种海员培训机构如雨后春笋般建立起来，海事大学更是一届招生二十几个班。随着经济新常态的到来，低端落后产能毁灭整个行业，与钢铁、煤炭、铁矿、造船、航运业一样，海员培训机构面临着何去何从的问题。

一百多年来，航海教育从来都是高投入的行业，各种各样的实验器材、模拟器、各种机械、设备投入巨大，蓬勃发展之后，收获的是什么？

有的培训机构招生时，竟然宣称毕业后年薪 50 万元，包找工作之类。结果读完通不过考证。有人抱怨海事局出的题太偏，尽是没用的东西，有的培训学校一百个人也没几个人能考出证来。这我倒不尽认同，同样的考试，要看海事大学的通过率是多少，若海事大学通过率正常，就不能说是试题问题。只能是生源质量下降太多了。若排除刻意压低通过率的因素，海事局考试是执业的最低要求，若连最低要求都通不过，何谈培养出高素质的人才？

把国家标准当作最高标准是中国所有行业最大的弊病，国家标准应是企业的最低标准！

若大量低素质高级海员占据了主要的工作岗位，会形成劣币驱逐良币现象，也就是高素质海员越来越少。近年这种现象表现得非常突出，能往欧洲派的海员越来越少，年轻二副、三副拿不起 VHF 竟有增加的趋势。现在培训学校若挤在培养高级海员的路上，路只会越走越窄。2015 年几所海运院校提前批在江苏的招生大多没招满。海事大学校长再也不会像 20 年前那样慷慨陈词了："你们都是立志献身航海事业的，因为你们全部是第一志愿，你们很多人没选择读清华、北大，来到海运学院……"

有的班级毕业后 5 年在船率还不到 5%，毋庸讳言，现有的培训学校定位是有问题的，你培养的是高级海员，二副相当于助理工程师，不属于技术工人的范畴。

---

① 黎元洪总统（北洋水师学堂），萨镇冰（船政学堂，格林尼治皇家海军学院）、杜锡圭（江南水师学堂）两位代总理，钱永昌（吴淞商船最后一届）交通部长

职业技术学院应以培养技术工人为目标。

1. 现有培训机构转型为培养技术工人的机构,这条路也不具可行性,原因有如下几点:

(1) 近些年越演越烈的海员薪酬扭曲导致年轻的航海技术工人看不到未来

20 年前,大致的薪酬构成:二副的薪水大约为船长的一半,水手长的薪水与三副相平,熟练水手(QUARTER MASTER)大约是船长的四分之一。然而近年水手薪酬下滑到船长的八分之一,二副远远没有船长的一半,这样的薪资结构是不稳定的,不能用市场规律来解释。这些年,船东都在为生存而奋斗,大家都不知道能不能活过明年,每一分钱都抠得很紧,能维持开船,多一分钱也不愿意花,这种生存状态下,谈不上长远可持续发展。

(2) 技术工人的培养应以企业培养为主

无疑中国这些年的职业教育出现了一定的偏差,德国的技术工人全世界闻名,其职业学校是与企业紧密联系的,很多企业实行学徒制。没有优秀的技术工人队伍,制造业强国只是天方夜谭,职业教育还是应由相关制造业企业来主导。

师傅带徒弟应成为技术工人培养的主要方式。英国传统上也是因船设校,[①]林泰曾、刘步蟾赴英国留学是直接上军舰实习,其业务提升一点不比就读格林尼治皇家海军学校的同学差。20 世纪 90 年代初期我做过一条英国造的船,与现在日本造的船同样大小,但布局不一样,船上的大台间很大,完全适合十来个人的学习。

(3) 水手职业资格证完全开放是大势所趋

一个初中毕业肯学的小伙子,跟着师傅学一年,他会不具备值班水手水平? 船长能不能认定其水手从业资格? 企业愿意全部聘请本科生做水手是你企业的事情,但作为掌握最低从业资格认定的国家机构,在履约程序设计上更人性化是举手之劳,达到海上资历的,有船长认可的,应发尽发。

至于三副证不能代替水手证的问题,就如大客车司机不能开小轿车一样。既然能从事值班水手或者认定其完全可以从事值班水手工作,那发证时为何不能向下兼容呢?

现今培训学校出来的持证三副的确很多做不好水手,不是年轻人的错,我了解有的学校根本不教打撇缆、插钢丝,甚至基本理论也不教,成天就做题,讲题,除了做选择题外什么也不会的三副比比皆是。既然如此,职业培训应由船长组织,由船长认可,陆上官员,素质能否超过船长,对发证水手的了解能否超过船长? 最有含金量的证书是雇主的认可。

---

① 1933 年上海船业公会给交通部呈文,上海档案馆存

（4）培训费用之高已成年轻海员不能承受之重，难以持续

有的新证三副毕业没两年就要花八千元脱产专门培训，当初学校教育时为什么没有做完？水手值班证既然需要，为什么学校没培训好？考试费用贵问题，据了解是人社部统一定的价，不是海事局能决定的。培训地点尽管不指定，但哪里都不便宜。

（5）转向培训外国普通海员也不具可行性

尽管周边菲律宾、越南、印度尼西亚等国收入低，但年轻人只要培训好就可以上岗做普通海员。问题是语言障碍难以打破，若中文能达到流利水平，那也不局限于做普通海员了。具体后文还有论述。

与所有行业一样，这些年都面对着淘汰低端落后产能的压力，海员培训机构也不例外。

面对着出生率的急剧下降，一子化、少子化成为家庭构成的主流，随着经济的发展，年轻人越来越不愿意做海员。参照日本、韩国、我国台湾省等国家和地区的经验，海上薪水若低于陆上同等职位薪水的三倍时，航海将逐渐被人抛弃；若是六倍时，将是非常好的工作。上海的保姆月薪达 3 500 元以上，按照三倍理论，海上薪水要达到 1 万元（1 600 美元）左右才会有人做水手，而绝大部分水手远远达不到这样水平，主流的薪资水平还处于 4 500～5 500 人民币的水平，的确这样的薪资水平是低了，有的船完全靠持证白皮三副做水手，几乎没有资深水手。

但是我们要清醒地认识到，对我们这样的人口大国来说，海员，哪怕是普通海员，若依靠外籍海员是十分危险与不可思议的。中国大陆可预见的未来社会富裕程度远远达不到日本，甚至韩国、中国台湾省的水平，怎么可以像他们一样大规模雇用外籍海员呢？

尽管中国水手的人数甚至抵不过一家富士康，但我要说，水手的工作岗位对国家、对广大农村家庭很重要！富士康可以很轻易地将工厂搬到印度、越南。所以即便当前五六千元的工资水平，也很重要，不说上海保姆月薪 3 500 元以上还包吃包住，工作的不稳定性及职业荣誉感缺失，使得愿意从事水手工作的年轻人非常少，其实保姆也是背井离乡的。目前的现状是很多农村年轻人的就业是远远不充分的，一份稳定的工作，对很多家庭来说非常重要。

这条路必须简单易行，想赚水手钱的人太多，人为制造障碍，将是死路一条，逼迫船东寻求外籍劳工，损害最大的不一定是船东，而是普通国人的就业岗位。因为大多数船是挂方便旗，没有雇用外籍劳工的限制。我见到有的船三个月换三个服务生，都没找到满意的，再下去，服务生都要聘用外籍的了。

2. 新时代海员问题的解决办法。

（1）国家每年为培养航海人才是拨了巨款的，但主要用于两所海事大学，毕业生素质下降不说，在船率又奇低，国家的拨款大多是打了水漂。

要知道这些钱都是来之不易的,20世纪30年代续办吴淞商船学校,是在中国船舶吨税的基础上加收30%办成的,并成立保管委员会专门用于办学,即便如此,各船公司反弹都非常大。笔者查询相关档案,各地船业公会与交通部的来往公文连篇累牍,直到吴淞商船学校交给教育部,变成国立吴淞商船学校为止。

吴淞商船学校学制主要是2年在校学习(后改为3年)加2年实习,轮机第三年在江南船厂实习,驾驶第三年在实习船实习,四年级则全部在船公司实习。[①] 注重实习是吴淞商船学校培养出众多杰出人才的关键所在。

与其浪费巨额公帑于无差别的海事大学,不如用在真正想做海员的学子身上呢!想做海员的,由国家补助大三开始上船实习,不想做海员的,大三开始学习其他有用的陆上专业,以便更好地在陆上发展。

公司实习必不可少,由国家向有条件的海运公司购买实习岗位。比如中国籍船,每船必须留两个位置用于实习,有条件接纳更多人员的船,也可以出售实习岗位,这种烦琐的工作必须要做。吴淞商船学校就与招商、宁绍、肇兴、政记、三北、中兴、大陆、惠通行、恒安、民新、太古、大通兴、民生等公司定约,安排学生实习。老师必须派驻第一线指导实习。笔者就终生感念指导老师在实习期间的指导。

(2)航海是有一定危险性的工作,要能忍受航海的危险。据说某海事大学校船带着一百多个实习生出去,校长担惊受怕坏了,不轻易远航,大多在岸边转转,这与航海的初衷是相背离的。冒险精神是航海的传统,大连海事大学和上海海事大学前身有一个税专海事班,主要课程都是由英国退役上校、中校舰长执教,训练相当严格,出海训练每天起床甲板跑步20分钟,再做俯卧撑,然后只准穿短裤,赤脚擦洗甲板,冬天也如此,抛锚时不管冰天雪地,早饭后即跳下海游泳,体力不支时才由助教下水救起。再放下救生艇,划艇,使帆。这样的训练今天校长看来不要吓死了。[②]

对比先贤,吴淞商船学校第一任校长萨镇冰就敢于冒险,曾在未航行过的航线上试航,结果搁浅,也曾停机用帆、篷、硬舵来驾驶,结果又遭搁浅,被记过两次。[③] 但担一定的可控风险的训练又是必需的,对教员要有一定的容忍度,否则连大桅都不敢叫学生爬的航海教育不能称其为教航海。

(3)应该由中国航海学会或者类似组织建立中国海员服务特种船的数据库。中外海员的素质差距很多还不在高级海员身上,而在普通海员身上。比如重吊船,能够熟练操吊的水手不是没有,而是不知道在何处,这不是通过海事局发一张水手证所能解决的。比如800吨以上的重吊船的卸扣很重,中国水手文弱的太多,乌克

---

① 《1936年学校沿革、校长刘永浩一年来的述略以及教职员和历届毕业同学名单》
　　上海档案馆 S149-1-14
② 苏揩《税专海事班简史》载于《淞水潆洄 海涛澎湃》第49天
③ 《税舰——海军耆宿萨镇冰》第202页

兰水手五大三粗,两人可以抬,中国水手三人不一定抬得动。所以欧洲重吊船都倾向用欧洲海员。

若有海事局的配合,建立中国海员服务特种船的数据库工作量不应很大,进出港时,对特种船型,比如 VALE MAX、超 800 吨重吊、VLCC、LNG、子母船等船型上的中国籍海员登记信息,有了这样的数据库,对一定资历的海员,可以授为师傅,带出合格的徒弟,无论是在哪个公司,都给予一定程度奖励,有时官方精神奖励也是很有效的。

(4)一个优秀的水手长,一生能带出一大批优秀水手,不仅仅是技能,更多是职业习惯与操守。服从高级海员,甚至每天 8 小时工作都未必是没经过良好在职训练水手所能理解的。有了这样的职业荣誉与哪怕一个月几百元的补贴,一定会有大量优秀水手长终身从事航海事业。

其实,组织这些事情,也不需要扩充编制,志愿者都可充当,方便旗船、民营企业也应全覆盖。

(5)重建船长公会,优秀船长不需要特殊补贴或者鼓励,过去船长不可以加入海员工会,船长加入的是船长公会,船长带有雇主与资方角色。在当今对外交往中,若有一支强有力的船长公会,对提升海员地位,保护海员、船东权益将有诸多益处。船长人数不多,社会层次也较高,会便于管理。

记得 25 年前读书时,一次一位国际海事组织官员做讲座,学校一位老师现场翻译,英语字正腔圆,给当时十来岁的我很大震撼。后来知道老师叫戚飚如,早年吴淞商船学校 46 级的。我辈与前辈已差距很大了,看到现在的年轻海员还不如我们,真是忧心如焚。

# MSA[①] 能成为 COAST GUARD[②] 吗 ▶

**2015 − 10 − 20**

看了会儿某海事局的检察官做 PSC[③] 检查,不忍目睹,看了半小时就走了。现

---

① MSA 是 Maritime Safety Administration 的缩写,指中国海事局
② COAST GUARD 是美国海岸警卫队,一般没特指,就是指美国海岸警卫队
③ PSC 是 Port State Control 的缩写,指港口国检查

今的海员的素质已难以应对业已跑偏的 PSC 检查,看不出来能够提升海员技能、保障人命安全的作用来。

1. 检察官提到"记你所做的,我查你所记的",讲法没错,但会走向另一极端——文牍主义。向船长索要进入密闭场所的申请批准表,口头申请批准难道不是批准?

2. 检查细到焚烧炉的灰、厨房的厨余垃圾里的油、将军柱静索的状况、舵机的备用油、应急救助系缆桩的位置、闭密场把人拎上来的架子等非常细微之处。我只想问一句,船的救生艇能放得下去吗? 应急消防泵能出水吗? 救生筏放得下去吗?中国 MSA PSC 检查,是以保障人命为主,而不是像卫检一样到厨房抓蟑螂!

3. PSC 检察官与船长之间没有交流平台,没有职务交流将促进不了中国海员的整体素质提升。普通检查员的岗位不能做长! 美国军队人员始终在换岗,一个岗位做三年,才有新鲜感,才容易出成绩,今年做 PSC 检察官,明年为何不能去做舰长、船长、轮机长呢? 长时间做一个工作,固然可以做得专业,但是对中国海员的整体素质提升又有何益呢? 没有定期轮岗,MSA 成不了 COAST GUARD!

4. 厨余垃圾大多是下海的,非要查个厨余的油去哪儿了,食用油是不是油,我也吃不准,知道只要机舱少排点污水就强多了。

5. 若没有船长公会,中国船长将会是个没有尊严的岗位,优秀人才不会从做船长上获得尊严。

6. 严格切割灰色收入及严格规范奖金后,PSC 检察官收入远远少于船长的工资,也会变成没尊严的工作。

7. 要严格提防 MSA 印尼化、乌克兰化。不以救助人命为基本目的、提升海员技能的检查,都会走向以专挑船东、管理公司细微缺陷而谋求利益的歧途。


# 不转变数十年来对外贸的区别对待,
## 就取消装卸费指导价显得鲁莽 ▶

**2015－10－21**

推进港口使用费改革的顺序不能乱,乱了会适得其反。

取消装卸费价格管制的前提是市场要有充分竞争,内贸市场已充分竞争,早就不需要什么指导价格,但是外贸运输市场,由于有码头的外贸运营资质限制,远远没有实现充分竞争,贸然取消价格指导,进行最高限价,会给各地港务集团以错误的暗示!

原先各地港口给货代的包干装卸费就远远低于《港口收费规则(外贸部分)》,自从 2014 年 11 月 12 日交通运输部与国家发改委联合下发《关于放开港口竞争性服务收费有关问题的通知》后,各地港务集团就提高了装卸费,天津基本普涨20%～30%,上海涨价约10%,有的货种涨价20%。到今年,有的港口要求涨价100%以上,各地港务集团还在谋求进一步垄断,以提高定价能力,正走向整合的就有浙江的五大港口合并、北部湾港口合并、辽宁港口合并……

说到底,合并的不是码头,而是外贸经营资质!是把外贸经营的行政许可权合并起来,就取得了定价权。

1. 码头果真是稀缺资源吗?

不是,稀缺的是外贸经营的行政许可,边防一句人员无法监管,就足以把人为难住;边防的一张登轮证,就足以把各个码头之间的装卸工流动限制住。何谈还有海事、海关呢!

图 4 为江对面的私人码头,万吨级泊位一长串,光码头资产就有好几亿,但是晒太阳晒了很多年了,光一条名叫"绿地 1"的约 2 万吨的空船靠在码头上就有好几年了。内贸没生意可做,外贸又不让做,导致江这边的码头装卸费还要涨价 100%!

图 4　江对面的私人码头

2. 外贸真的没法监管了吗?

世界上码头有内外贸之别的国家少之又少,大多国家都是内外贸通用的,人为进行内外贸分割会导致资源利用效率严重下降,使得获得行政许可权的码头有了垄断稀缺资源谋求暴利的机会。

我们去过很多地方,澳大利亚的圣诞岛、挪威的斯瓦尔巴德群岛,整个港口只有一个公务人员,引航兼代理兼海关关长、移民局长、港长、工头。放在中国,若没有五六个处级干部及其下属,这港口肯定开不起来。

行政监管的转型可以按老港老办法、新港新办法实行!提供改革的契机。

外贸装卸费比内贸贵几倍,那还是来源于计划经济时代,国家缺乏硬通货,对外贸易运输操纵于资本主义国家船东之手,需要从外国船东处赚取美元、马克。

在计划经济时代,国内物资紧缺,仅能出口些原材料,国内的港口设施落后,有按国际标准收取装卸费的需要。

现在出口早已以工业制成品为主了，内外贸装卸工作量没有任何区别，再对外贸收取内贸数倍的装卸费，太不合时宜了。

难道没有装卸费改革的顶层设计吗？

有！只是没有落实。《国务院关于改进口岸工作支持外贸发展的若干意见》明确规定："完善临时开放口岸管理办法，根据需求适当延长临时开放期限。"我初见这政策出台，兴奋了好久。

然后，没有然后了。

不盘活现有码头资源、浮吊资源、拖轮资源，放开价格就是放任垄断！

仅仅一个上海港，就有两千余个私人码头，当然这里包含很多内河码头，但黄浦江中的万吨级码头就有很多。七十余台浮吊，数百条拖轮，但是能到港务集团作业的仅区区数十条拖轮、一两台浮吊而已。

在各行各业都已严重过剩的情况下，拖轮、浮吊、理货、码头都早已不稀缺了，在外贸码头营运需要行政许可的情况下，一切都变得昂贵，稀缺！

改革是个系统工程，不可能由交通系统一家来推动，更多的部门还在得过且过，待到出口商大片倒闭（业已开始），港务集团也必将陷入困境，而且有的港口困境如今已经到来。

# 风能把船吹沉吗？

**2015 − 06 − 02**

特别不乐意听到船被风吹沉了，我跑船时经历过 17 级大风，当时船作为国际气象组织的观测船，风速计是可靠的。2.4 万吨的船，满载美国原木，甲板装货 9.5 米高，美国开航前摇摆试验 22 秒，船是不摇的，但被吹歪过去 6 ~ 7 度。

但凡翻沉的船，大多是开航时稳性不符合法定要求，或者货物移位、液化造成的。满足稳性最低要求，只要货物不动，船就不会翻沉！这是几百年来用无数生命、事故换来的经验。

手上曾有过一条 3 000 吨的船，船长是上海远洋渔业公司出身的，台风中心也穿过的，和他聊起过，"船这么大，比渔船稳多了，怕什么呢！"

说龙卷风把船刮沉,你信了,反正我不信。要刮沉也不会只刮沉一条,应是一片。

说大雨把船打沉,我更不信,所有客轮的稳性能满足所有客人涌向游步甲板,或者所有客人涌向船的一侧时必须满足的最低稳性要求,那点雨算什么!

至于夜航,我更不信了,难道要抹杀我们航道系统几十年来的努力不成?夜里能满足所有的通航条件。视线不清另当别论。

设计抗风能力10级,超过10级就会翻吗?不会的,帆船时代几十吨的船还从美国开到中国了呢!

船舶建造、营运有很严密的体系,是互相验证的。改装或者建造时,按照设计者的方法进行设计,船检再按另一套方法进行验证,所有建造、改装必须经过船检认可。营运过程中,海事局又定期进行检查。按道理不会出问题的。不排除设计时达不到规范要求,船检又没审核出来,或者施工时没按设计施工,或者之后船东偷偷改装没申请检验。这都需要很专业的调查。

# 船舶若稳性不足,船长会判断不出来吗？

**2015 – 06 – 05**

由于工作的原因,我经常与船长们争论船舶稳性问题,也亲手处理过好几起稳性不足问题,自己跑船时对稳性问题有过深入研究。

最简便的衡量稳性的术语叫"初稳性高度",也就是计算船的重心与稳心的距离。稳心的位置只与排水量有关,重心位置通过计算船上各种载荷位置与大小得出。新造船是通过做倾斜试验得出空船时的初稳性高度的,以便以后计算使用。

稍有海上经验的海员都知道稳性不要低于0.3米,当然这样的表述虽不严谨,但大致如此。

一直提醒我的船长们,船长判断稳性是与大副不一样的,大副是靠计算的,船长靠船舶各种表征来判断稳性的。稳性不足时,船会有一系列的"状况",有经验的船长马上会反应过来。这些"状况"包括:

1.操舵时,舵角稍大船就发生明显倾侧;

2.受到较小的横风就发生倾侧,横摇极其缓慢;

3. 装货时，左右质量稍有不均，船舶就会倾斜；

4. 出现永倾角。

做过集装箱船的船长对稳性有深刻体会，有时往左边放一个箱子，船往左倾斜，右边放个箱子船往右倾斜，这时就要注意稳性不足了。最可恨的是集装箱质量谎报，使得计算数据误差太大，船长不得不通过各种表征判断。

曾有船长回船时，发现梯子太高上不去了，马上闪过念头稳性会不会有问题，一计算果然近于零。

我的一条船装货时，吊杆往左一转船左偏 3 度，往右一转右偏 3 度，与船长反复计算后，卸下十来件货后开航的，最终安全抵达卸港。

我做原木船时，还有个经验，留一对小舱不压水，接近稳性极限时，往其中一个小舱压几十吨水，利用类似倾斜试验的方法，算得此时的船舶初稳性高度，倒推还能再装多少货。所以我做的原木船载货量多，安全又有保证。

20 年前，到美国装木头时，开航前必须做摇摆试验，也就是在码头上，把船的缆绳全部松掉，四台克令吊，同时各拎起一捆木头，再同时放下，船就在码头摇起来了，根据船的摇摆周期判断船的初稳性高度，一般周期不超过船的宽度米数即符合开航要求。

摇摆试验与我用过的倾斜试验都是可行方法。

是不是稳性越高越好呢？不是，稳性太好，船会摇得很快，货物容易移位，人员与船体容易疲劳。相反稳性很差时，船不大会摇，但容易发生大幅度的倾斜，那就很危险了。

在海上稳性不足时，能采取的措施很少了，所有的舱全压满水后若还不够，只能往油舱里打水了。在江里或者沿岸，最好的方法就是到浅水区坐底了，不止一次听到朋友说他的船在印度 HALDIA 河道里有意抢滩。

读书感悟

读《法律的正当程序》▶

**2013 - 12 - 30**

Lord Denning 的《法律的正当程序》，这本书绝对没有盗版的，即便网店也毫不客气地几乎不打折。读完这本书，体会有这样几点：

1. 20 世纪 80 年代初，中国人在努力地向西方国家学习，比如，玛利瓦禁令最早出现于 1975 年，这本书的出版时间也不过是 20 世纪 80 年代初，我熟悉玛利瓦禁令还是 21 世纪看了一堆杨良宜的书后才明白的。可见 20 世纪 80 年代国家是努力与国际接轨的。当然相比 20 世纪 40 年代，东吴大学法学院完全与国际接轨的做法还是有差距的。

2. 文理是相通的，比如丹宁就做过大学数学老师，最终成为大法官。

3. 英国法律有时是很落后的，比如：类似诉前保全的规定，英国很晚才有，可能与老牌帝国主义国家的傲慢有关，"我是日不落帝国，不愁执行所以不需保全"。

4.涉及海运方面，翻译措辞明显与我们通常用法不一致，比如"船主"应为"船东"，"信用证明信"应为"信用证"等。不按中国人习惯用法翻译，非常容易造成歧义，如有英文原版，我一定要看看中文版156页最后几句原文是什么，当然我明白作者想说什么，但表述出来怎么感觉是相反的呢！

5.英国妇女地位之低是远远超出中国人想象的，可能这也与宗教、传统有关，一直到近年，爱尔兰才允许离婚。

总之，这是本言之有物的书，与其他的英国法律书差不多，看起来要抓住要点，说理的内容很多，结论就几行。

# 读陈悦《沉没的甲午》▶

**2014－05－11**

这是一部可读之书，是学术著作，非小说家言。

任何一场大的战争失败，绝不是由一两件武器决定的。但这个时代需要以最简单、最有说服力的几句话告诉人们为什么甲午战败。

1.根本原因是清朝与日本持续了十几年的海军军备竞赛在1891年清朝突然停止，日本很快反超。北洋舰队若换成开花炮弹与速射炮，结局可能会完全两样。

为什么清朝突然停止军备竞赛？原因还在于光绪1889年亲政时（书中183页写的是光绪1887年亲政，这里有疑问），为让慈禧早日放弃权力，常住颐和园，国家财政及所有大臣，包括李鸿章在内，都全力支持了修园。当然也不存在挪用海军军费一说，因为那些钱本就不是给北洋海军的。

这也就解释了李鸿章为什么没听周馥意见而将北洋海军军备不足的苦衷放到政府层面讨论的问题。

书中329页引用了《近代稗海》中甲午战后翁同龢见李鸿章的对话，说1894年9月30日翁同龢到天津查问战守布置，李说："师傅主管户部，请款动不动就驳回，兵舰扛得住吗？"翁说："真是事情急，为什么不再申请呢？"李说："政府怀疑我跋扈，如我争辩不停，今天还有李鸿章吗？"有考证这事子虚乌有。

2.这是场错误的战争，朝鲜内争时，根本不应该介入，国家经历太平天国运动，元气大伤,尽管经历同光中兴,国力终究还是弱,对藩属国无力节制的该放弃,李鸿章深知海、陆军真正的实力,是要避战的,在朝中的倾轧之下,被迫选择在平壤决战。对外战争与内战完全不同,内战可以就地补给,境外作战就必须从后方运送,补给不足直接造成平壤溃败。组织朝鲜会战时,把旅顺周围的守军调走,直接造成旅顺、大连空虚,日军在花园口登陆后,很快丢了旅顺。

3. 正因为旅顺空虚,船坞的修理人员逃跑,造成黄海海战后负伤的战舰修理进度太慢,难以再次组织海战。我始终认为,败退威海时,应该寻机在花园口外海决战的,那么多用于近海防御的蚊子舰与鱼雷艇在浅水区可发挥作用,主力舰相当于是坐着装甲车,拿步枪士兵对付坐皮卡拿着机关枪的敌人,不是完全没机会,更何况皇帝命令战死沙场,不是到威海一个个自杀。高级将领自杀是不负责任的,直接导致数十年海军恢复不起来,正可谓千军易得,一将难求。

4. 李鸿章用人有严重问题,有人考证过,曾国藩用人,湖南人占百分之五十几,李鸿章用人,安徽籍人超过百分之七十,相比较,袁世凯用的河南人反而很少,远少于江苏、直隶人。就像富人交往女友,会与其交往,但是不会结婚。正如刘步蟾也是李鸿章刻意培养多年的,会交往,但是不会任用其做提督。

这从另一方面可以看出,1863年遣散阿思本舰队是过于意气用事,责任当然主要在曾国藩,至少有机会利用这支舰队培养出一些将领。海军将领缺少军功,意见在中枢也得不到重视。

5. 本书过于强调党争,言官误国历史上很多,明朝灭亡就是最惨痛的教训。一线将领被议论,乃至被弹劾是免不了的。甲午战败翁同龢负有一定责任,可叹张謇如此超脱的人也参与党争。

6. 任何军队都必须有一定的侵略性方能保持旺盛的斗志,才能紧跟军事发展步伐,有时还要制造敌人。马江海战致福建水师全军覆没,西方列强为何战斗力强,就是不断地战争,在军备竞赛中实力不断提升。若想保持对朝鲜的宗主国地位,海军就应主动出击,与日本海军面对面竞争,这样不至于夜郎自大,怎么被打败的都不知道。当然这个战略选择在于朝廷中枢。

海军以战养战是一个选择,1863年阿思本提出缴获要有提成,欧洲海军也是这么做的,大量的殖民地,有了海军的用武之地。

7. 太平天国动了清朝的国本,但为何在战后没有整顿八旗兵与绿营兵,每年耗费2 000万两军费又没有一丝战斗力。曾国藩遣散湘军是重整国家军队的机会,结果到甲午时,还是靠自带干粮的勇营与日本人战斗。我猜想肃顺的改革中,没有涉及重整国家军队,因为辛酉政变后,依旧执行的是没有肃顺的"肃顺"政策。

8. 打胜又能怎样?清朝能独立面对北方的沙俄吗?沙俄是需要常年不冻出海口的,对马海战时,调来的二十几万吨波罗的海舰队不是来旅游的,所以甲午时不被日本打败,稍后也要被沙俄打败。

9. 书中重责李秉衡,即便不用河防营,我看战前新招的几十营的新兵也抵挡不住日本军队,地方军队没有战斗力啊！何况黄海海战前一个月才新上任的巡抚,尽管参与了党争,但对战争也难有什么根本性的改变。我认为吃空饷是清朝军队的严重陋习,临战状态下新招人加入缺员严重的军队,是陆军作战不力的主因。

10. 战略比战术重要。有的战争,没赢过一场仗,但最终赢了;有的没输过一场,但最终输了。楚汉战争,项羽没输过一场仗,但最终失败了。越南战争,美国人没输过一场战争,但最终无奈撤出了。同样抗日战争,日本人也没输过大的战役,但最终战败。当然抗日战争是日本人犯了战略错误。

很多人讨论甲午战争该如何打,我觉得还是要引用李宗仁在抗日战争后的总结,以战略优势,弥补战术上的劣势,迁都西安,这也是 1898 年公车上书时的一个观点(公车上书后经姜鸣考证为不实之事,但当时确有这一观点)。当然放弃经营三百年的北京很痛,但第二次鸦片战争时痛过了,八国联军时,又痛过一次了。当然这样子,中国也可能会像印度一样,成为完全的殖民地。


# 读任公《李鸿章传》 ▶


**2014 - 05 - 16**

【编者按:这是作者探究甲午战败历史,阅读的一系列书籍中的一本,读书保持兴趣尤其重要,借着这段探究的劲头,作者读完《国史大纲》《剑桥中国晚清史》及姜鸣、马勇、戚其章、陈悦等甲午史学大家的著作】

尽管以前课文里选有梁启超的文章,但是读他的著作还是第一次,读完后,发自内心敬佩。从政坛退出,学问又做得一等一的,只此一人了。百度了一下,他的9 个子女,个个人中翘楚,我觉得更了不起的是儿媳妇还很厉害。

我想任何研究李鸿章的人,不会离开这本《李鸿章传》吧。

这本书前面是白文,后面是译文,任浩之翻译。KINDLE 上还有免费版的下载。还是看译文舒服,但是精彩处,必须对照白文。白文真是精彩,常常寥寥数语十分传神。

李鸿章刚去世这本书就写出来了,可称为巨著,虽然白文仅128页。

1. 有人说李鸿章是大清朝的裱糊匠,我读后觉得李鸿章太孤单,第十二章拿李鸿章与伊藤博文相比时说:"但日本之学如伊藤者,其同辈中不下百数,中国之才如鸿章者,其同辈中不得一人,则又不能专为李咎者(不能把错归结到李鸿章一人身上)"。李鸿章的孤单主要不是他自己造成的,全书最后一节说:"举朝二品以上大员,五十以上达官,无一人能及彼者,此则吾所敢断。"二品以上大员的任免,不是李鸿章所能控制的。

书中第六章说李鸿章的失败,一半是自己造成的,自己的原因里,一半是用人失当,另一半是见识不够。我觉得用人失当里,过于任人唯亲、唯老乡。身边不是没有能人,但都没有提拔到关键岗位上,比如容闳,仅比李鸿章小5岁。

2. 书一开头论述道:越是古代权臣越多,越是近代权臣越少,原因有二,一是由于"教义之浸淫",二是由于"雄主之布划"。其实,我觉得主要还是由于儒家思想的教化过于深入,忠君爱国深入这批读书人的骨髓,包括曾国藩、左宗棠、张之洞哪怕再权倾一时,也不可能有任何谋逆之心。当然该书成书时间较早,袁世凯还没有成大气候,相比较,袁世凯只中过秀才,不算真正的读书人。

李鸿章没能真正主宰中国的命运的确有其客观原因,但是哪个卓有成就的政治家不是克服重重困难取得主宰国家命运的权力进而实现抱负的呢,德国俾斯麦、英国的格莱斯顿都是这样(书中译作格兰斯顿)。

李鸿章有多次机会争取到自己的舞台,戈登在李鸿章任直隶总督时就劝过其搞独立王国:"除非君自取之,握全权以大加整顿耳,君如有意,仆当执鞭效犬马之劳",把李鸿章吓得够呛,"瞿然改容,舌桥而不能言"。后来李鸿章任两广总督时,真正有机会搞独立王国,当然那时他已垂暮老矣了。

3. 李鸿章搞实业失败在于官督商办。书中一句话,今天听来还是振聋发聩:"中国人最长于商,若天授焉。但使国家为之制定商法,广通道路,保护利权,自能使地无弃财,人无弃力,国之富可立而待也。"强调的就是制定法律,保护权利。

相比较办实业,还得靠张謇的那一套,直到今天也没落后,甚至今天很多企业的管理水平还达不到张謇时代的水平。

4. 李鸿章外交上的失败,直接导致甲午战败。李鸿章若在甲午之前死了,可称为千古伟人。毕竟文做翰林,武打败太平军,又搞了洋务运动,建了很多近代化工厂,创建海军,太了不起。朝鲜政策不清晰真是遗恨,这也是裱糊的结果。若早早地使得朝鲜郡县化,在与日本争斗中可抢得先机,不至于日后战败,沦落到只能在各大国间耍小伎俩,反被人玩弄,落得身败名裂的境况。

第七章记载有督抚在甲午战后向日本讨还被日本俘虏的广丙轮,说这艘舰属于广东,这次战役与广东无关。这代表着各省疆臣的普遍思想。感叹"若是乎,日本果真与李鸿章一人战也,以一人而战一国,合肥合肥,虽败亦豪哉"。

5. 李鸿章做事极其干练,案无留牍,门无留宾,生活规律,这么高效率的管理者在今天也难得一见。

看完这本书,让人想看更多任公的书。

# 读张绪武《我的祖父张謇》 ▶

## 2014-05-29

读这本书相当于读张华(《一个伟大的背影》作者)赠送的小人书《张謇》,可惜现在小孩子不看小人书了。小人书对普及历史常识来说真是不错。

1. 读完发现,张謇不是红学家。他所处的年代,红学是一门显学,大凡有点名气的文人对红学大多有些研究,连鲁迅、梁启超都是红学造诣颇深的学者。张謇注重实用,连书法都是渡难关时用来卖的,当然他是有理想的人,不看重金钱与地位,做自己喜欢的事情,是十分有意思的人。日本人驹井德三对张謇的长处总结得十分到位,一为头脑明晰,学识丰富,眼光宏运,尊重科学,有研究应用之才;二为意志坚固,有心有所决,有非达目的不止之气;三为其勇决中国人中实所罕见;四为其人格高洁,奉己甚薄,粗衣粗食,持己甚严;五为有高雅之风,对学问、书画、各种文艺极有趣味而时刻为之(P226)。

我觉得张謇前半生太过注重科举正途出身,误己,误国,甲午战败,他有一定责任。太多机会可以被推荐做官,也可治国平天下,包括张树声、张之洞、李鸿章都给过他机会,他坚持要考进士,清代文人追求科举正途非常值得玩味,连严复都未能幸免。

2. 张謇决策时,时常做两手打算,时时存必成之心,时时做可败之计,每个人的决策都应如此,不到万不得已,不可背水一战、不留后路,也不可意志不坚。

3. 大生股票上,印着"大生机器纺纱厂,为给发事案,奉南洋大臣,奏饬通州设立机器纺纱厂当经太常寺少堂盛,翰林院修撰张合领南洋商务局官机二万锭作为官股……",张謇能搞得官股只领固定红利,不参与经营,不简单。

上述的太常寺少堂盛，就是盛宣怀，张謇当时是恨死了，盛宣怀筹办大生时，放了张謇鸽子，所以后来找人画了厂徽图《桂杏空心》，就是指盛宣怀言而无信（盛宣怀字杏荪）。

吴淞商船学校是张謇所办（P235），而且记载创建于1906年（P84），之后近百年该校从未认同吴淞商船学校与南洋公学有承继关系。1912年张謇创办上海水产学校。

1902年张謇创办了中国第一所师范——通州师范学校。1906年在学校里设了土木科测绘特班，聘请日本水利专家负责讲授，为水文测量工作培养了人才。1915年张謇创办了河海工程专门学校，就是河海大学的前身，该校也没把校史上推到通州师范这个测绘特班。

4. 张謇说："渔界所至，海权所在"，太有道理了（P74）。从其他资料上看到张謇论述得很详尽。绝非如很多人所说的"商船所至，海权所归"，依那样，世界的海权都是巴拿马的。

5. 张謇当北洋政府农商总长期间，制定《公司条例》，条例里包含公司破产，张謇强调公司法及破产法的重要性："无公司法，则无以集厚资，而巨业为之不举。无破产法，则无以维信用，而私权于以重丧"。

6. 大生在张謇去世前被接管，其实倒也不是张謇的失败，他本身在大生的股份就很少，只有2%的股份，大家认同他，所以他有决定权，他本人并没有发家致富。张謇后人大多温文尔雅。

7. 作者父亲张孝若是"五房一子"，也就是张謇娶妻妾五人，只生了这一个儿子。今天看到材料，古时候这种情况，张孝若可以娶五房太太，与其父一样。

8. 书中记载作者父亲张孝若1917年到哥伦比亚大学游学，1918年就取得学士学位（P198），这里有疑问。1918年张孝若才20岁，张孝若不可能天才到别人读4年的书，他1年读完。当然张謇教子重视游学，值得推崇。

9. 张謇不信上帝，不信菩萨，古时候的读书人大多这样，是孔孟的教化之功。但儒家不是宗教，因为没有对死亡的解释。

张謇1926年8月24日去世，11月1日才出殡，这种丧仪也太可怕了，当时又没冷冻棺材，暑热天在家放三个月，臭成什么样子啊！过去南通丧仪，有钱人家把棺材放进圹里，而不是入土为安。后来在20世纪80年代做个圹没多少花费，所以到处看到圹，真是太不卫生了，也浪费太多土地。

# 读章开沅《张謇》所想 ▶

**2014 – 06 – 22**

　　章开沅治学严谨,其人可信,其书可读,是信史,除却受成书时代所限、明显有印迹的词句外,大多可以拿来直接引用。张謇是百科全书,研究殊为不易,但有一好处,张謇没有被意识形态所利用,歪曲不多。

　　1. 张謇是 1894 年,也就是光绪二十年,明治二十七年,甲午年状元,这是很重要的年份,后来还有一个明治三十八年海战,也就是 1905 年的对马海战,改变了世界历史,导致沙皇下台,共产党登上历史舞台。

　　也许张謇这个状元影响了世界的历史。历史没有也许,总是叹惜,19 世纪 80 年代,朝廷若采信了张謇《朝鲜善后六策》①与《条陈朝鲜事宜疏》,可能就早使得朝鲜郡县化,尽管后来也未必能像日本一样抵挡得住俄国南下,因为俄国有一定要得到终年不冻港的强烈欲望。

　　2. 张謇中状元后声名正隆,翁同龢与皇帝的关系又形同父子,言听计从,张謇对时局的左右到底发挥了哪些作用,值得进一步考证,发挥影响的肯定是"翁门六子"(汪鸣銮、志锐、文廷式、徐致靖、沈鹏、张謇),但这六人,对甲午战败,谁的作用更大,张謇是十年前的朝鲜问题专家,甲午年已脱离现实日久了,他的影响是非常负面的,但是不是最重要的影响? 有史料说徐致靖上了个针对朝鲜局势的万言书,作用是不是更大?

　　就在黄海海战时,张謇接到父亲病亡的消息,回籍守制,祭奠父亲时,十分自责:"徒为口舌之争,不能死敌,不能锄奸,负父之命而窃君禄,罪尤无可逭(huàn,免除,逃避)也。"(P26)

　　3. 东南互保,张謇自称是主谋,通过张謇—沈瑜庆—施炳燮—刘坤一这条线发挥作用,张謇自述得还很有感染性,他对刘坤一说:"无西北不足以存东南,为其名不足以存也;无东南不足以存西北,其实不足以存也。"使刘坤一下定了决心。其实,这其中张謇作用还真有限,刘坤一、张之洞等东南督抚本身也要向外国势力靠

―――――――――
① 　最新研究《朝鲜善后六策》系甲午年所作,抄件在韩国发现,与传说中的内容相去甚远

拢保全清朝政府的。

东南互保实际就是造反,只是没有受到惩罚,事后追认合法性了。

若是能做得彻底些,北上勤王,迎銮南下,中国历史当然要改写了,但地方实力督抚刘坤一、张之洞、李鸿章他们与皇帝的感情不像张謇那么深。他们毕竟是后党。[①] 书中的确有劝李鸿章勤王一说(P57),与梁启超的《李鸿章传》说法一致。

4.1905 年张謇创建吴淞商船学校(P104),他具体为学校创建做了哪些实质性的事情?哪怕是写了校名?记得在一篇文章中看过,这一年是为吴淞商船学校做了些事情,为何现今海事大学都不承认可追溯到 1905 年,问过慎欣,[②]也很确切地说是 1905 年,但还需详加考证。

5.1911 年张謇去北京,最高领导人载沣以及他兄弟载泽、载洵、载涛极尽笼络,张謇不为所动,其时,清朝政府已被东南士绅抛弃,我觉得这也是东南士绅的一大错误,没了皇帝,但正统皇权思想还在。

6.书中 163 页的几个数字肯定有小数点错误,但有几个数字很有意思,1911 年大生一厂利润率为 17.83%,1912 年利润率为 28.94%,1913 年利润率为 32.54%。

书中 180 页还有几个利润率数字,1919 年大生一、二厂纯利占资本的106.08%和 113.02%。书中这样优厚的利润,在旧中国民族工业发展史上不仅是空前的,而且也可以说是绝后。

大量利润激起张謇扩张实业的热情,后来大规模投资,这是导致破产的一大因素。

类似的事情,100 年后又发生了一回,2004—2007 年,很多船东一年就赚回一条船来,投资热情高涨,2008 年泡沫破裂,但经过 2010 年的 4 万亿经济刺激,很多人投资热情更加高涨,终于都随着市场暴跌,都很惨。

连张謇这样的聪明绝顶的贤达都会被 100% 的利润冲昏头脑,何况一般企业家呢!从张謇身上有太多经验与教训值得吸取。

7.1913—1915 年张謇当农商总长时,日本纺织品大量出口,避免了债务违约,我觉得还是一战原因。当时若日本债务违约了,也许发展受挫,侵略不会那么疯狂了。

8.技术落后,外交强悍又没有留足过冬的现金及储备,所以承受风险能力低,政府敲骨吸髓,1922 年大生纱厂抵押给浙江商人,后来走向全面崩溃。

9.书附录中张謇年谱简编记录:

1906 年 54 岁创建吴淞商船学校。闰四月,任苏省铁路公司协理。创设通州法

---

① 上海社科院马勇认为晚清不存在帝党、后党这回事,是康有为等人的因素

② 张謇曾孙

政讲习会。十一月发起成立预备立宪公会。

与前文1905年(创建吴淞商船学校)又有冲突。


# 读隋丽娟《说慈禧》▶


**2014－06－27**

本以为是本学术著作,仔细一读原来是中央台百家讲坛的类似讲稿,大众读物,大致翻了翻。总有可圈可点之处。

1. 慈禧对富国强兵的措施是来者不拒并积极支持的(P95)。

2. 书中关于遣散阿思本舰队的部分是错误的(P96),作者显然没有做过相关研究,人云亦云,好些论坛比如百度贴吧的北洋水师吧,以及好些专著、最新的论文已做了充分阐述,并不是英国政府与慈禧开了个大大的玩笑,是曾国藩、李鸿章、奕䜣、李泰国争抢控制权,最后谁也没有得到,当然也受美国南北战争影响。

3. 同治修圆明园与光绪修圆明园目的一样,孝敬太后的同时,摆脱太后控制。后者导致退出军备竞赛,甲午战败后续一系列事件都与此有关,中国陷入百年悲世之中。戊戌变法—义和团—对马海战—苏共上台—侵华战争—民国败退我国台湾省—新中国成立。哎,修个园子,中国人吃了这么多苦。

4. 同治是天花死的,慈安是中风死的,光绪被毒死的应是定论。

5. 慈禧是有很大的容人之量的,只要为国家好,大臣就不会有问题。做宫保鸡丁的丁宝桢杀了安德海,还一路升官(P166)。其实慈禧杀人不多,就像尼古拉二世。

6. 马江海战后,借机撤换奕䜣是国家走向衰亡的转折点。奕譞谋身未谋国啊!

7. 总理海军事务大臣不是海军大臣,而是总理。挪用海军军费是不实之事,那钱根本就不是给海军的,何来挪用一说。海军军费只是打着海军的名义而已。书中引用说奕譞统领海军衙门九年没有购置过一艘新舰也不是事实(P194)。平远舰从哪儿来的? 国家战略退出军备竞赛是多种原因造成。

8. 文廷式是1890年榜眼,是珍妃的老师,志锐是珍妃的哥哥。若珍妃掌权可能还不如慈禧呢,有点小权时就去卖官!

9. 看青玉德宗皇帝谥宝,别的妃子死后也有,人去世时都有个印。

# 读《流浪王妃》▶

**2014 – 07 – 02**

这是民国时期最著名的爱情童话故事,郎才女貌,一见钟情,门当户对,父慈子孝,白头偕老。男主角出身帝王之家,女主角出身公侯之家,尽管经历 16 年的失散,最终白头偕老,是十分美丽的童话故事。

男主角是溥杰,女主角叫浩,启功说他就是启功,皇族就是牛,不需要姓的,所以爱新觉罗浩就是浩了,官方叫嵯峨浩,其实日本女人出嫁后要改夫姓,嵯峨浩肯定不对。

1. 十分奇怪这本书在 20 世纪 80 年代出版后,没有再版,淘宝上卖的基本都是复印版的,查得上海图书馆有馆藏,借来一阅。

2. 现在演的清宫剧,看来没有参照这本书上的礼仪,比如王府礼仪,女人下跪要左膝先跪,双手放在右腿上。受礼的人如觉得没资格受礼,把头转向一侧,叫回避礼。

3. 现在很多富豪极尽奢华之能事,但显然与王爷相距甚远,仆人的服务水平之高,常人所难理解,平常你见不到,但是你想要什么的时候他又出现做得妥妥帖帖。早先就看过溥仪早年从没系过裤带,没系过鞋带的记载,觉得不可思议。太监的服务有过人之处,否则帝王之家不会用了上千年。除却帝王之家,寻常人家也没资格享受太监的服务。

4. 浩苦等丈夫 16 年,十分不容易,离传说中的守寒窑 18 载的王宝钏只差两年。当然那一辈的人没有改嫁一说,爱一个人爱得深沉。

5. 浩的公公醇亲王,真是一个慈爱的长辈,太过老实,面对保皇位还是保皇权时选择的是两者都要,葬送了大清朝。其实这个决策该慈禧做的,让载沣做勉为其难了,国家一旦没了皇帝,就出现了几人称帝、几人称王的乱世。当然载沣没有退回关内,维持了国家统一。

醇王府就有三个日本皇宫大,恭王府岂不更大,皇宫更没得说了。当然,日本贵族家也是很奢华的。浩的舅舅家墙上都是挂着西斯利、马蒂斯、塞尚、毕沙罗的作品,我看现在一幅画就了不得的价格了,因为毕沙罗应是毕加索吧。

6. 书中没有提及载沣王妃是荣禄的女儿,也就是浩的婆婆,到了淳王府就想着,按满族规矩,孙女慧生该奶奶带的,她与荣禄一样个性刚强,与瑾妃吵架没吵过,回去自杀了。我估计吵架算不上,毕竟皇宫里瑾妃当家,光绪皇帝皇威很高,谁也不敢把瑾妃怎么样,她要住在紫禁城,就住在紫禁城。

7. 以前知道溥仪生日是 2 月 16 日,阴历正月十四,与我一样,以为溥仪与我相差 19 的整数倍(阴历生日与阳历生日 19 年重合一次),但是翻看万年历,不是这回事,一直觉得奇怪。原来溥仪生日是正月十三,是先代皇帝的忌日,所以改成后一日了。

8. 书中没有记述,浩 1961 年回到中国时,溥杰到广州去接她,一下子就觉得是她,因为她脖子上吊着女儿的骨灰盒。19 岁的女儿自杀,太让人伤感了,带着女儿的骨灰见她爸爸。书中也没有记述,是浩要求女儿嫁中国人,但是浩爱上日本人,所以自杀的。

9. 古代皇帝生不出儿子来,会威胁皇权的。现今与皇帝血缘最近的,只有溥杰的小女儿嫣生,嫣生有五个孩子,醇亲王最小的儿子溥任有三子二女,了解下来,这三个儿子也全生的女儿。

10. 溥杰的书法很是了得,书法是很难的,想要出名很多人想出奇招,比如双手写,用像拖把一样的毛笔写等。但只要看到溥杰的字,或者启功的字,哪怕是不懂书法的人,也知道是大家所写,自成一体。皇族很多人在文化艺术上真是了得。

# 读钱穆讲授、叶龙记录的《中国经济史》▶

**2014－08－14**

钱穆的书很有意思,而且很权威。书不能乱看的,因为有的人不懂的东西也敢讲,也敢写,那么多大注家、大疏家研究了上千年,每一个词都有定论的。

"国家"的家是什么意思,至少我知道说是家庭,肯定是不对的。"修身、齐家、治国、平天下",肯定不是"齐"的家庭,天下是天子的,国是诸侯的,家是大夫的。家相当于国的一部分。

有些常识性问题也有意思,比如法曹可不是管法律的,与日语里的在野法曹指律师完全不同,法曹是管交通的。大司农可不是管农业的,大司农相当于财政部长，古时候税收主要来源于农业。盐铁税归少府管，少府收的钱是皇帝私人的。

1．什么是封建？封就是在边界上挖土筑成围堤，堤上植树让人进不来。封建是农民武装垦殖，秦汉以后，中国就不是封建社会了，是郡县制了。

2．历史上的斗争，往往眼光浅、文化低的一方战胜眼光较远大、文化较高的一方，古今中外莫不如此。初一看太令人震惊了，仔细一想，很有道理。钱穆认为八年抗战中国不亡，当时中国经济落后是其中一原因。放在今天谁在微博上发表这些议论，一定会被人骂死。但这的确如钱穆所说。战国时期，齐国经济条件最好，秦国最差，秦国获胜。西方罗马就被北方蛮族灭了。美国比俄罗斯经济强，但不一定打得过俄罗斯。钱穆自有其道理。

3．有个疑问，"分"这个字到底是什么意思，现在讲一分利是1%的利息，一分五厘是1.5%的利息。但是分米是1/10米啊，厘米是1/100米，厘捐是1%的税啊！

4．农业社会重农抑商有其生产力基础，晁错当时持的还是人道主义观点，农民辛劳而日穷，商贾安逸而日富，势必造成严重后果。他不是为使国家富强，而是体恤农人。放在今天也有借鉴意义。

5．我很留意历史上的营业税征收比例，都在3%～4%，历史上没有超出4%的商税。

汉武帝发布"算缗钱"，相当于抽3%的营业税，富人有车船也要交"算商车"，相当于车船税，比例也不高。商人逃避缴税。两年后，发布告缗令，鼓励告发瞒骗不报者。处罚很简单，没收财产，戍边一年，一下子中等以上家庭都破产了。

6．发现司马迁是伟大的经济学家。他支持一切谋利的经济活动。司马迁认为最好的方法是放任人民自由发展；次一等是领导人民走一条规定的道路；再次是教诲人民，灌输以哲学；第四等是用统制经济管制人民；最下等是与民争利。司马迁的这番理论西方历史上没有一个学者能说得出来。

采矿业叫"虞"，农、工、商、虞。

7．南北朝时代国家是很富的，这超出我过去的常识。的确朝代更迭频繁，但是没大规模的战争，难怪有"南朝四百八十寺，多少楼台烟雨中"的诗句，北朝据说是有一千多个寺。

隋文帝时国家的富足程度，一直到开元盛世时才刚刚可及。隋文帝是最优秀的皇帝之一，科举就是他首创的。

8．汉代不准人民太富有，征商税，不管人民穷成什么样子；唐代不收商税，不让人民太穷，人人都可分到田，不节制资本。

唐代太了不起，唐代的《唐六典》，就是讲中央与地方组织结构的书，一直沿用到清代，有一千多年的历史。变化仅是在中书、门下两省，宋、明、清代有所不同，尚书省基本没变过。

9.唐代租庸调制是最好的税收制度,但是唐代执行得并不好,安史之乱后就改成两税制了,日本一直沿用租庸调制很多年。

两税制就是在夏秋两季"认田不认人"征税,"自留地"相当于唐代的永业田。

10.船舶的"舶"来源于晋代,吴船称"艑",晋船称"舶"。

11.10 年一次的人口普查始于洪武十三年,编成黄册。看来以后还要继续下去。

12.盐税收了几千年,不知未来是否会有改变,不过计划生育政策都已做了调整,相信未来国家还会给我们更多惊喜。

13.有这样的说法:清朝皇帝让中国人过了两百年的好日子。这种说法非常有道理的,是在清代中国人口增加了四倍。

# 120 年过去,又逢甲午年 ▶

## ——读樋口一叶《青梅竹马》

**2014－10－19**

这其实是一部中篇小说,非常简单的情节,我是从简单的情节中读出了她的伟大,才去搜索她的介绍的。她一生主要只从 1894 年 12 月到 1896 年 1 月创作了 14 个月,24 岁就去世了,但 2004 年 11 月新版 5 000 日元上印有她的头相,要知道头相印在邮票上不是很困难,但印在钞票上一定是这个国家空前绝后的伟人。

在中国风靡一时的日本电影《望乡》,几乎所有的 70 后都看过,那是描写下南洋到山打根寻找从事皮肉生意年轻日本女孩的故事,我的船就多次跑过山打根,那是刻意被所有人所遗忘的历史。直到读到"她以高洁的抒情性笔法,将现实中在不讲人道的封建意识下女性难于医治的悲哀和无处发泄的愤怒凝结在作品中",这就是她的伟大。

20 年前茅盾文学奖还有点分量时,读获奖作品《白门柳》洋洋百万言,读不出明代底层妓女的生存状态;陈寅恪《柳如是别传》也没有写明代底层妓女的内容,我们所读到的只有秦淮八艳,甚至如皋人几百年来还以其中的董小宛做过如皋人的小妾自豪,但另外的八千艳甚至八万艳怎么样呢? 这是刻意被人忘记了。

今天,更是见不到描写底层失足妇女生存状态的作品,更不要说"以高洁抒情的笔法"了,这是刻意被人漠视的现实。

当然,中国人是拍不出类似《望乡》的电影的,因为没这生活基础,莫言的《丰乳肥臀》中四姐上官想弟也是被迫做妓女,但历来绝少有主动做妓女的。这背后一个重要原因是绵延上千年残酷的溺婴恶习,与中国文化完全一致的韩国也是如此,最明显的表现就是性别比失调,女婴哪里去了?无非过去是溺死在马桶里了,结局如《白鹿原》描写的埋在马厩里,烂成肥料,现在做完 B 超杀死在妈妈肚子里。

贵州省占里村因为每家只有两个孩子(并且还是儿女双全),数百年人口没有增加,而被国家计生委、人口学家、联合国人口基金会称赞,2014 年中央电视台《走遍中国》也播放了《一双儿女的传奇》。

相比较同属中华文化圈的日本就很少有这样的案件,性别比也一直正常,这是我从《青梅竹马》中读到的原因。

全书唯一引用的中国著作就是《长恨歌》中的"杨家有女初长成",家家都把女儿当成宝贝似的,贫民区的孩子,"出名发迹的都是姑娘们,男人只配去翻垃圾堆,如同野狗的尾巴一样可有可无,不值一提"。女儿长成后是可以卖掉的,主人公美登利的姐姐就是被卖作妓女,父母与妹妹还跟过来了,一个女儿从事皮肉生意可以养活一大家子人。电影《望乡》中也有描述,下南洋到马来西亚赚得更多,很多女孩很年轻就丧命了。背后能读出肆虐的性病与妇科病的残酷。

# 对社会、法律、历史问题的思索

对一个最高院再审案子的理解 ▶

**2013 - 07 - 25**

　　连云港明日公司(船东)从广远光租了一条名叫桐城的船,装了些货去加勒比海,货里有一些"特资",还有一些通过订舱货代上海明日公司订的玛吕莎公司的钢材,毕竟船况差,跑到太平洋中间坏掉了,附近的避难港只有夏威夷,美国人看到装了"特资",不让进,后通过外交途径,好歹美国人同意进夏威夷修理,但要求修理完必须开回中国,并且不允许再用这条船装了,回国还没地方愿意卸,好不容易在干预下,在张华浜把货卸了下来,当然全程在美国人的监督下完成。玛吕莎公司的货基本上全损了,就打官司。

　　玛吕沙公司可以选择打提单纠纷或者打租约纠纷,打提单可以针对有财产的船东,但时效只有 1 年,超过了时效。也可以打租约,针对订舱货代上海明日公司,时效是两年。

一审认为是租约纠纷,上海明日与连云港明日承担连带责任。

订舱货代上海明日公司认为是提单纠纷,货损超过时效。

船东连云港明日认为自己与玛吕沙公司又没签合同,来找我干什么,打提单才可以来找我,何况这是航行意外,应免责。

玛吕沙公司认为是租约纠纷,订舱货代与船东是共同出租人,应承担连带责任。船东连云港明日是海商法下实际承运人,即使不是实际承运人,船东还是没尽到保管货物的责任。

最高院再审也认为是租约纠纷,海商法第四章不适用(这一点姚洪秀教授一再强调),第94条有明文规定,仅合同里没有的内容才适用海商法第四章,但不绕航与谨慎处理适航是适用的。所以不打提单官司,扯不到实际承运人身上,也没什么连带责任好扯。

当然,航行免责越来越难,这是趋势。

最终最高院再审,判船东连云港明日公司不担责任。责任由上海明日承担。

很简单的案子,货主拿出租约来打违约,怎么搞出个共同出租人、实际承运人来。当然,打违约很可能打的是上海明日公司,打赢官司拿不到钱,不拿着提单去追究船东是很危险的,而且时效只有一年。

# 张謇刻舟求剑是促成
## 甲午战败的一个重要原因[①] ▶

**2014－05－22**

李鸿章不是俾斯麦,从没有开疆拓土的思想,说其是大清朝第一裱糊匠太形象了。1882年壬午兵变时,李鸿章正为母丧守孝,其职务由两广总督张树声署理,张树声与吴长庆商量后请示朝廷,吴长庆带领张謇、袁世凯率六营乘军舰直抵朝鲜,三下五除二就把朝鲜大院君李罡应抓到中国,很快平息了动乱。张謇十多年后还

---

① 利用亚信会下午提前放假时间,写了本文,很不满意,因已深夜发出来权当一笑

得意地说:"径入汉京,挟王归我,易客为主,徐待理论"。①

张謇后来写了《朝鲜善后六策》,核心内容就是"援汉设玄菟、乐浪郡②例,废为郡县;援周例,置监国;或置重兵,守海口,而改革其内政,或令自改,而为练新军,联东北为一气,于日本则三道出师,规复琉球",所以有人说张謇是近代提出吞并朝鲜第一人,其实在汉代朝鲜就早为中国郡县。

很有意思,张树声之子张华奎从张謇处抄录《朝鲜善后六策》而在京官中径自散发,翁同龢、潘祖荫、宝廷等要员均先后看到,后来慈禧也看到这篇文章,慈禧怎么知道的呢? 经查找证实是宝廷拿给慈禧的,③慈禧问李鸿章意见,李鸿章斥之为多事。

这时,张謇已成为整个国家顶级的朝鲜问题专家,仅得虚名而已,对于国家机器来说,实际影响实在有限。

李鸿章对张树声与吴长庆派军去朝鲜不满,④很快将一半的军队(三营)调回金州,两年后中法战争爆发,日本乘机挑唆朝鲜军队发动武装政变,中国驻朝军队果断出击平息叛乱。李鸿章以和稀泥的方式与日本签署了"将来朝鲜国如有重大变乱事件,中、日两国,或一国要出兵应互行文知照"条文的《天津条约》,⑤埋下了后来甲午战争的祸根。1885年,驻朝鲜余下的三营驻军悉数撤回。中法战争时,也用不着这三营军队啊,撤回真是匪夷所思,甲午战争时,急急忙忙又从国内派兵,派兵时又后勤保障不足,导致平壤溃败。

政治主张得不到实现,对张謇是一大打击,这也是张謇在甲午战败后,与李鸿章决裂,单独上奏弹劾李鸿章的一个原因吧。

1885年,张謇又写了《条陈朝鲜事宜疏》,简直就是料事如神的诸葛亮再世,9年后的甲午战争基本就是按照《条陈朝鲜事宜疏》进行的,所以对该文的成文时间有过很大分歧。有人认为写成于1894年,也就是甲午战争之时,最新的考证还是写成于1885年11月底到12月初。⑥ 与《张謇全集》及章元沉《翁张交谊与晚清政局》⑦中记述相一致。

---

① 《张謇全集(一)》,江苏古籍出版社,第26页,《呈翰林院掌院代奏劾大学士李鸿章疏》
② 玄菟、乐浪是汉武帝时代在朝鲜的郡名
③ 章元沉先生的《论张謇》中有记载"宝竹坡侍郎(宝廷)曾采以入告,孝钦(慈禧)询政府,政府奉教于李(李鸿章),亦斥之"
④ 张绪武《我的祖父张謇》,第19页
⑤ 陈悦《沉没的甲午》,凤凰出版社,第11页
⑥ 季云飞,张謇《代某公条陈朝鲜事宜疏》拟稿时间考辨——与戚其章先生商榷,南京政治学院学报2007年第120期
⑦ 章元沉《论张謇》,经济日报出版社,第129页

然而 1884 年张謇离开庆军后,再未涉足朝鲜及军事事宜,一心一意地参加科考。到 1894 年,当初的朝鲜问题专家与高级作战参谋,已落伍了,乃至说出"日本蕞尔小国,何足以抗天兵,非大创不足以示威而免患"①这样外行的话。其时,北洋的陆海军与日本已有相当大的差距了。

读甲午海战,一直很奇怪,为什么朝中清流派翁同龢那些人怎么对朝鲜形势那么熟悉,能左右李鸿章的决策。很明显,李鸿章起初是准备放弃朝鲜的,后来在清流派的逼迫之下,发起平壤保卫战,然后一败涂地,增兵过程中发生黄海海战。

不知是有意还是无意,李鸿章采取的还是 9 年前张謇的《条陈朝鲜事宜疏》中的战略,文中主要论述援护朝鲜八事,第四点建议原文如下:

"请别选奇兵,驰出间道,以为攻心之助。朝鲜故都向在平壤,平壤陆路东西相距不远,盖海势之所束,南扸王京之背,北控元山,地为今平安道,与奉天相距不远。今以南北洋兵船计之,分别战守策应,仍恐不敷调度;亦虑兵力单薄,不足以壮声势,拟请下北洋大臣于旅顺防营中,择曾在朝鲜带兵,明白耐劳之员,统率十余营,由间道前往规平壤为后路,助前敌之声援,通奉天之形便。"

李鸿章 1894 年 7 月在牙山失守,朝鲜南方尽被日本控制,面对迅速恶化的局势,制定了以朝鲜北方重镇平壤为战略要点,增兵平壤,以此力挽狂澜的策略。这策略基本就被上述第四条说中了——"分别战守策应,仍恐不敷调度;亦虑兵力单薄,不足以壮声势",更离奇的是,后来黄海海战时,北洋舰队主力掩护在大东沟登陆的陆军,就是 1984 年 9 月 16 日从旅顺抽调的铭军。

看到这里,简直就要"状张謇之多智而近妖"了。被张謇说中的还有很多,第六点写有"应请饬下北洋大臣量增劲旅:为守计,预于天津屯扎一支;为战计,须于威海屯扎一支;以便分别策应。惟不得有名无实,致将来又多一撤兵之累",后来威海卫失守,就是因为威海没有屯扎一支精兵。

签署马关条约之后,各帝国主义国家,以各种理由逼迫清政府签订了一系列不平等条约,恰如《条陈朝鲜事宜疏》中的第八点描述的一样:"若遇事轻许,自取损失,彼力有仲伯于日本者,迭起效尤,何以应之!"

然而,9 年前有战略眼光的雄文,带来的是 9 年后的惨败,为什么?

1. 这 9 年间,海军发展以 5 年为一代,比如 9 年前还算先进的"超勇""扬威"轮,到甲午年,已属相当陈旧,最早被击沉。以致张謇在弹劾李鸿章时仍批评李鸿章安排大批军队从陆路进入朝鲜,"大同江距平壤不及二百里,距汉京四百余里。卫马之军,自应由大同江入,进驻平壤,合丰、左两军,以期迅速分别援守。而李鸿章故令迁道九连城,多行七八百里,弃牙军于不顾,致被日人攻蹙;并命一战,不复

① 陈悦《沉没的甲午》,凤凰出版社,第 70 页

可支"。张謇认为该以海路从大同江进兵,李鸿章知道全部从海路进兵相当不可靠,奉军1894年7月28日途经凤凰城,急行军,29日到达九连城。他们不知道,7月25日发生的丰岛海战,操江被俘,运兵船高升号被击沉,官兵1 116人,除245人获救外,其余的871名江淮子弟,全部壮烈殉国。

2. 这9年,李鸿章并没有按照张謇在《条陈朝鲜事宜疏》中所期望的方式整军、训练、布防。

第二点:"器十年不用则坏,兵列年不用则钝,今天下不乏勇敢忠义之士,而常少练达更事之人。勇敢忠义本乎天,练达更事由于人。故才犹易得而望难猝成也。数年以来,宿将凋谢……仍令各督抚核实荐举将才,以备选用"。这里强调的是军中选拔将才。

第三点:"请简调海军,参置前敌,以收练胆之益……如宋时禁兵之制也,平时养以重饷,而临事不足折冲;是糜甚有用之钱,养群无用之人,安用此军? 且技艺可习于无事之时,而胆智之习,非使之经历行间、习惯艰苦危险之事不可。应严饬该军翼长人等,简调精壮,参置前敌,与他军相为磨荡,增长胆气;庶目前不致有虚设海军之名,将来亦可望钳制他军之用"。这里强调军队改革,以练海军的名义训练新军,当时绿营、八旗军就如宋朝时的禁军,花了很多钱,一点战斗力没有。后来清朝训练新军还是在很多年后袁世凯训练的。若没有相当年月的军旅生涯,根本提不出这些实用的建议。

张謇在1882年《代吴长庆拟陈中日战局疏》中也呼吁钱要花在刀刃上:"议者又虑兵事一兴,饷糈难继。不知国用之告匮,半在冗兵之虚糜;筹饷之要,不在取务其多,而在用求其实。"

李鸿章打了一场错误的战争,以至于梁启超感叹:"以一人而战一国,合肥合肥,虽败亦豪哉"。为什么会打这场错误的战争? 还是由于朝中帝党与后党之争。主战派的领袖是翁同龢,而翁的手下是翁门六子,张謇也位列翁门六子之一。而他以朝鲜问题专家与新科状元身份,影响最大。然而日本已不是9年前的日本,陆海军与日本的差距也不是9年前的样子。有人会问,以张謇这么高的才华,先前为什么没有能影响李鸿章实现自己的政治抱负呢? 机会当然是有的,当时张之洞与李鸿章均有意延揽张謇加入自己的幕僚之中,张謇心里还是念的科举正途,有"南不拜张,北不投李"的豪言,[1]不愿再做幕僚。当然最终于甲午年,中得状元。对国家真不知是祸还是福。

鼓动战争的最终结果就是战败。

---

[1] 张绪武《我的祖父张謇》,第21页

## 拓展阅读

《张謇研究》杂志主编高广丰老师评论：

大作拜读了三遍，对您的勇于和善于进行新思维，深为钦佩。只是文中所用材料，学术界的认定已经发生了变化：其一，《朝鲜善后六策》已在韩国延世大学发现，与过去普遍引用的1914年张謇致韩国钧信中所述完全不同；其二《条陈朝鲜事宜疏》已被确认为1894年7月12日所作。

# 甲午战败，罗丰禄是主要责任人 ▶

### 2014－06－25

罗丰禄是船政后学堂驾驶班第一届毕业生，[①]与严复、刘步蟾、林泰曾、方伯谦、叶祖珪、林永升、黄建勋是同学，比萨镇冰、江懋祉、林颖启高一届。罗丰禄由于英语最出色，直接兼任驻英、德使馆翻译，没有继续学习海军，而是就读于伦敦大学国王学院，成为伊藤博文的学弟。

甲午战败的直接责任在于李鸿章身边没有好的参谋，看来这个参谋是罗丰禄。罗丰禄1880年回国后即充任李鸿章的外交顾问兼翻译，他"折冲尊俎，仪态安详，口操五国语言，应对如流，碧眼虬髯者，自惭不及"。[②] 外语好得老外都自愧不如，评价不可谓不高。1885年（清光绪十一年），罗丰禄升任天津水师学堂会办。1888年5月，罗丰禄奉命协同北洋水师提督丁汝昌及林泰曾、刘步蟾等起草《北洋海军章程》。中日甲午战争失败后，罗丰禄随李鸿章赴日谈判。[③]

罗丰禄一直在李鸿章身边，又是国家海军大学的副校长，理应对国际海军发展有充分的研究，北洋海军成军前后，欧洲国家的海军开支占财政收入的10%～20%，北洋海军远远没有花到这么多钱。根据朱维铮引用的经济史家麦迪森的《世界经济千年史》，1820年中国的国民生产总值占全球的33%，即便到1900年，中国

---

① 《锐舰——海军耆宿萨镇冰传》，第35页
② 《锐舰——海军耆宿萨镇冰传》，第36页
③ 来源于百度词条"罗丰禄"

的 GDP 仍占全球的 11%。① 如欧洲一样，投入差不多的比例用于海军，绝对是相当强大。在那个军备竞赛的年代，身处弱肉强食的环境，不参与竞赛就可能被人屠杀，一种武器或许就可能决定存亡，马克沁重机枪在一战时，一天打死六万名英军士兵。年轻人的战亡，国家也容不得你自由恋爱，还拖拖拉拉三十几岁不结婚，必须早结婚早生子才能维持国家生存。中国古代的官媒即有这个目的，汉代女子到婚龄不结婚，政府会收相当高的税收。当然清代国家承平日久，人口繁衍昌盛，不缺乏当兵的人，不存在这个问题。

正因为承平日久，对战争准备远远不足，北洋成军后，竟然停止更新舰队，也没有加强自造，哪怕多造几条像平远级的，日后战况也可能大为改观。今天看来很简单的大炮上的原始制退复进机，在架退炮上，加了个弹簧，炮管能自动复位，在 19世纪 90 年代就是了不起的高科技，炮就成为速射炮，射速提高 4～6 倍，江南制造局也造出了速射炮，但是北洋舰队装备没跟得上。李鸿章在打洪杨军时，就见识到落地开花大炮的厉害，定远、镇远舰购进多年，竟然制造不出 305 口径的开花炮弹。这些都是国家海军大学副校长所该研究、提出建议的。罗丰禄做了多少呢，值得研究。翻译官误事啊，学航海的翻译官让长官认为是海军专家，误国啊！

按道理严复是国家海军大学的正校长，严复的责任应该更大。从严复年谱可以看出：1890 年（光绪十六年）升为北洋水师学堂总办，但因与李鸿章不合，有意退出海军界，另谋发展。② 严复看来是头脑清醒的，李鸿章不听他的，他就不玩了。

萨镇冰评论李鸿章用人："丁汝昌胆略很好，不过他是个带淮军的军官，连文墨都不大会。他对海军自然是外行，那时候外行很多，李鸿章信任他也难怪。"③这是第一手资料，可信度高。甲午战败，李鸿章被身边的外行人所误导，看来这里面有罗丰禄。

当然李鸿章幕僚中还有马建忠，马建忠是为人所熟知的复旦大学创始人马相伯的弟弟，1879 年取得法国博士学位，获得的是法学学位。虽然曾担任北洋水师的指挥机关营务处统领，④对北洋海军军官的培养做了很多贡献，多年来一直是李鸿章的幕僚，但毕竟专业不是海军，⑤对于军备发言权有限。

北洋舰队的机关仅设三名军官，一名负责行政管理并监管粮饷后勤，一名负责各船轮机、船体修理等事宜，另一名负责各船枪炮弹药。没有负责作战与训练的参

① 朱维铮《重读近代史》，第 102 页
② 来源于百度词条"严复"
③ 《锐舰——海军耆宿萨镇冰传》，第 47 页
④ 《锐舰——海军耆宿萨镇冰传》，第 46 页
⑤ 来源于百度词条"马建忠"

对社会、法律、历史问题的思索

谋人员,而作战与训练是军队的中心任务。① 刘步蟾、林泰曾等人没有成为高级参谋人才太可惜了,没有人向丁汝昌、李鸿章提供各种预案,某种程度上,整个甲午海战还停留在与太平军作战的水平。这些工作该是李鸿章身边的高级参谋做的,这个人应是罗丰禄。

海军覆灭之后不久,文廷式于光绪二十一年正月十七日(1895年2月11日)"不无忧愤迫切之至"地上书指出:"海军失律,请将在事人员分别惩办",其中有关罗丰禄的文字如下:

"海军营务处道员罗稷臣(罗丰禄字稷臣),阴险奸诈,唯利是图。闻倭人水师将弁,皆所狎习。海军不战之故,该员实主其谋,故令军械缺乏,人心涣散,其罪不在丁汝昌、刘步蟾下。应请旨分别正法拿问,以泄天下之愤。"

这些当然大多是气话,美国哈佛大学费正清研究中心研究员孔祥吉也认为,在决定北洋海军战略方面,罗氏的确是仅次于李鸿章的灵魂人物,这是毋庸置疑的。

## 想起马建忠 ▶

**2014 – 10 – 11**

某人提及2014年10月17日是复旦大学创始人马相伯的孙女马玉章先生的100岁诞辰,我倒是对她叱咤风云的叔爷爷马建忠(1845—1900),也就是马相伯的弟弟很感兴趣。过去名门之后常常忌讳提及自己祖上的,张爱玲直到成年都不知道自己爷爷张佩纶是什么样的人,那可是晚清史无法绕开的人物啊!

马建忠真是一奇才,学贯中西,文武全能,可以称"上马能击贼,下马作露布",这等人物当今真已罕见。他曾做过时任驻法公使郭嵩焘的翻译,写过奠定汉语语法学基础的开山之作《文通》,带兵到朝鲜平定过壬午兵变,会办过招商局,也就是现在招商局集团的前任领导,协助李鸿章谈过《马关条约》。

作为李鸿章的重要幕僚,我认为其对甲午战败有一定责任。

他主持并选定旅顺做第一重要军港就是一大错误,旅顺是战略上的死地,也不过几年后,李鸿章了解到还有胶州湾,也认识到胶州湾更合适,但旅顺已建成。李

---

① 海军工程大学黄鑫《中国近代军制发端:谈北洋海军编制特点》

鸿章作为身经百战的文人军事家还是很有战略眼光的。后来发生的甲午战争与日俄战争都证明了旅顺是战略死地,没有纵深,陆地上从金州一堵,海上一封锁,只得困坐愁城了。我去过旅顺多次,包括附近的黄金山炮台、电岩炮台,爬上白玉山远观老虎尾,出口狭小,极容易封锁。

马建忠最大的失误是把船坞放在了旅顺,这是他一手选址操办的。当然甲午战争50年后日本人也没理解到船坞的重要性,珍珠港事件时,日本人没有破坏珍珠港的船坞,美国人凡是没沉的军舰很快全部修复,恢复战力。甲午战争时,由于日本人在金州登陆,黄海海战后余下的“定”“镇”“来”“靖”都没有得到好好修理,就跑到威海,加上镇远进港时触礁重伤,又没有船坞修理,只得在港内坐以待毙。

当然不能以今天的眼光来要求古人,但也可见马建忠精于术而战略眼光不够。

# 慈善也要趁早 ▶

**2014－11－20**

国庆节回老家,去看望一位生骨癌的邻居,他已患病三四年,育有两女儿,也都成家,都很孝敬老人,无奈家贫也没好好看,其实,这种癌症看不看用途都不大。见到他时,精神不错,病灶转到淋巴,近几天已肿大,一侧不能卧,还没有褥疮,也没有疼,他很坦然,聊了一会儿,给了些钱让他买点好吃的。想着年底给他买个可调体位的病床,以防褥疮。

上周回家妈妈告诉我,这位邻居快过“五七”了,算来是我看完他没几天就去世了。去世时还在说话,与老婆一边聊天,一边就没声响了。只用了几天哌替啶,我说他命好嘛,没痛苦。

张謇等前辈乡贤人格高洁,奉己甚薄,粗衣粗食,而持己甚严当是我的楷模,平素我也不乱花钱,近七八年来遇有穷亲戚、穷乡邻总会给些钱。但汶川地震我一分钱都没捐,身边很难找到没捐过的人,因为天下可怜人甚多,只能顾得上眼前的人。

清代对办粥厂有共识,只能交由绅办,绝对不可官办,官办一定会为胥吏所坑,能有六七成吃到饥民嘴里就不错了,在灾荒年月,克扣的米粮可值大钱,胥吏大发其财。一石米换一亩地的事情,发生太多啦,不换就饿死,人、地都没了。不能拿今天一亩地几百万元来衡量。

近些年,报纸经常看到未婚妈妈把刚生的孩子扔下楼的事情,想着中国怎么没有人反堕胎呢? 一定不乏好心人愿意捐助未婚妈妈,也一定会有好心人愿意收养孩子。

早在一百多年前宁波的育婴堂就有两面拉的抽屉,想放弃的孩子放进抽屉里,育婴堂里的人从里面把抽屉拉进去,互相不见面。近几年,国内恢复了弃婴的安全岛。更有人救起了弃婴,送回到亲生父母身边,然而这些孩子的命运并不幸福。

慈善的确要趁早,当然也要会做!

## 翁同龢不是"停购船械"案的责任人 ▶

**2014 – 12 – 09**

每读甲午史总为 1891 年到甲午战争期间停购船械而扼腕叹息,对时任户部尚书的翁同龢直摇头,一度视其为甲午战败的第一罪人。

停购船械确有其事,1891 年户部"因部库空虚,海疆无事,奏明将南北洋购枪炮船只、机器暂停二年,藉资弥补"。奉旨"是月起,停购外洋船炮二年"。适逢舰船技术、海军战术的不断更新,舰船设计处于万类霜天竞自由的蓬勃发展时期,这一阶段军舰设计推陈出新,一日千里。此时舰船设计领域内名为"新学派"的势力异军突起,专门针对既往的军舰提出了依托新式高射速火炮的全新理念,采用大量的高射速的新式火炮,以密集的弹雨来击溃对手。[1] 耽误这几年,的确是甲午战败的主因。

姜鸣认为主持这一决策的是户部尚书翁同龢,作为一个官僚,他在伺候慈禧太后的种种非分财政开支方面,不像前任阎敬铭那样耿直不阿……常常成为洋务派的掣肘。[2] 陈悦认为清政府认为海军建设一劳永逸,不懂得海军是一个需要连续投入、不断更新的军种。紧接着写道:在户部尚书翁同龢的主张下,严令禁止再添购新的舰、炮、军火。[3] 显然陈悦也认为责任在于翁同龢。

姜、陈均为我敬重的学者,近读戚其章《晚清史治要》发现完全不一样的观点。

---

[1] 陈悦《沉没的甲午》,第 61 页
[2] 姜鸣《龙旗飘飘的舰队》,第 307 页
[3] 陈悦《沉没的甲午》,第 61 页

北洋海防军费拨解有前后两个时期,前期自北洋海军创始起,迄于1884年,由户部主持;后期自1885年起改为海军衙门主持。海军衙门是1885年10月13日正式设立的,而翁同龢由工部尚书调任户部尚书则是1886年1月3日的事。所以无论北洋海军的前期经费调拨还是后期经费调拨,都不归翁同龢管,他怎么可能利用职权以军费掣肘北洋呢?①

由于最高层穷奢极欲,1891年户部银库实存银100万两,确实到了部库空虚的地步。海军衙门设立后,奕譞为讨慈禧太后的欢心,与奕劻一起策划,借恢复昆明湖水操,行大修颐和园之实,并示意翁同龢不要出面反对,“当谅其苦衷”。对于如此做法,翁同龢极不满意,却无力阻止,不禁慨叹曰:“渐台液池之兴作,神皋跸路之修治,其繁费实无纪极。内府不足,取之外府,外府不足,取之各路,于是行省扫地尽矣”。②

当然,姜鸣考证过并没有挪用海军军费,但海军军费的确不归户部管。

从另一战前采购案中,也可看出翁同龢所受到的误解之深,连《走向共和》电视剧也说战前采购需60余万两白银,孰料竟为翁同龢所拒拨。

真相如何呢?甲午海战前4个月丁汝昌奏请添置若干门新式快炮,方案是定远、镇远各添6门,济远、经远、来远3舰各添2门,威远练船换新式后膛炮3门,共21门,连弹药、器具、运脚、保险费约61万余两。显然这一建议如被采纳,甲午黄海大战结局就可能改写。

然而李鸿章似乎不反对丁汝昌的建议,但他对此事的紧迫性缺乏足够的认识。他主要想的是银子从哪里出的问题。他认为“目下海军衙门、户部同一支绌,若添此购炮巨款,诚恐筹拨为难”,于是,他想出了分年添置的办法,即将常年经费用蹲节之款“设法匀凑,移缓为急”,先在定远、镇远上各添置6门,共12门,需35万两。他所上《海军拟购新式快炮折》中,对添购新式快炮的必要性谈得头头是道,而唯独对其紧迫性却有所疏忽,以致铸成大错。所谓“陆续购置”“分年办理”云云,实际上是将丁汝昌的建议推迟或搁置下来。可见此事是李鸿章一人经手,他确定“分年办理”计划,并分别在海军衙门、兵部、工部备案,却并未咨询过户部,所以根本不存在翁同龢拒绝拨款添购新式快炮的事。③

戚其章认为翁同龢是一位公忠体国的大臣,所传翁同龢利用职权以军费掣肘北洋,乃好事者捕风捉影,纯属无稽之谈,是不能视为信史的。

戚其章的《晚清史治要》成书在2007年,陈悦的《沉没的甲午》成书在2010年,姜鸣的《龙旗飘扬的舰队》成书于2002年,2012年第二版,奇怪的是两位学者

① 戚其章《晚清史治要》,中华书局2007年版,第296页
② 翁松禅相国尺牍真迹,常熟翁同龢纪念馆藏
③ 戚其章《晚清史治要》,中华书局2007年版,第299页

均未采用戚其章的意见。当然我从上海图书馆借来《晚清史治要》,发现印数仅3 000本,尽管馆藏7年,依然是没人读过的新书。

当然在后来的主战中,我认为翁同龢是扮演了错误的角色。

### 拓展阅读

本文发表于博客,得到甲午战争史研究的一流学者姜鸣与陈悦的批评,非常感谢。

姜鸣:户部上奏说:"南北洋购买外洋枪炮船只暂停2年,将所省饷银解往户部。"李鸿章回应说:"北洋历购军舰,均奏明奉旨,由部另筹专款,不在岁支经费之内。今即停购,仍属无银可解。"这是李鸿章的气话,但停购是事实。怎么会与翁同龢和户部无关呢?请看我的文章《敢言掣肘怨诸公》。

陈悦:1. 海署的钱也要从户部来。2. 停购船炮翁同龢是上奏者,自然跑不掉,但是更深层的问题是为什么户部上奏之后,整个中枢没有任何反对意见?这就说明海军的重要性在整个国家的意识里是很低的。3. 丁汝昌没有专折上奏,李鸿章那份折子之所以要说分期是有前提的,那就是中央经费不足。事实上李鸿章早在1892年就已经在打听购买速射炮,而那份奏折没有得到回复后,李鸿章挪用北洋淮军陆军军费事实上采购了速射炮。

戚先生观点有几个问题:海署成立前后,海军的专项经费都是通过户部,无非是成立之前是北洋连同总理衙门奏请,成立后是北洋和海署奏请。另外,就算户部不直接管海军经费,然而户部上奏启动的是国家决策,国家命令下海署是没有办法作为的。

# 清亡始于嘉庆 ▶

## ——兼谈儒学的文化自信

**2014－10－26**

清亡始于嘉庆在史学上是有定论的,正如明亡始于万历十五年,《红楼梦》中贾府衰败始于第二十一回一样。数月来我一直想论证甲午战败始于遣散阿思本舰队,但发现论证太难。

嘉庆是康乾盛世转衰的节点,很容易理解,为什么我还要翻出来?因为我是想说嘉庆废除了文字狱,造成清朝灭亡。

实际上,嘉庆皇帝在洪亮吉案后就没有文字狱了,理论上从那以后中国不存在因言获罪。

其实,古代皇帝的自信是有理由的,宋、明、清朝的皇权从没有旁落过(慈禧行使的是皇权)。明朝的宦官乱政,哪怕就是最极品的九千岁魏忠贤,皇帝也只动了根小指头就搞定了,其他的太监只消皇帝写个纸条说下去就下去,我觉得明朝的皇帝不仅拥有皇权,还有神权,原因在于儒家教化,相比较汉、唐的宦官乱政,那是动不动太监要换皇帝的。正因为有了儒家的教化,皇帝在读书人心中获得了神一样的地位,当然有的帝师拿《孟子》来吓唬皇帝,说天命是有条件的等,好多皇帝都下过罪己诏。实际上,进士出身的人绝少造反,包括晚清一度实权超过皇帝的曾国藩都没想过取而代之,李鸿章直到晚年做两广总督时也仅有过独立的一念之想而已。真正灭亡王朝的李自成、吴三桂、袁世凯都非饱读四书五经进士出身之人。

儒学是有几千年来任人评说的文化自信的,是百家争鸣选择的结果,当然,余英时先生论证的儒、释、道是合流的。儒生对皇帝的忠诚,不仅靠"君敬臣忠",也不是如晚清摄政王讲袁世凯的皇恩浩荡、世受国恩,而是靠读书人心中的信仰,"四书"中做了充分阐述,深入读书人骨髓。

规范人行为的几个因素:信仰、法律、道德,信仰的力量是非常强大的,强大到基督教能在全世界传播,几百年前传教士付出了多少艰辛啊,没有对主虔诚的信仰是做不到的。

我支持国家提倡国学,因为那是经过上千年历史检验的。

儒学与法制并不矛盾,因为中国数千年的历史就是披着儒家外皮的法家治理史,儒学在于教化人民,归化四方。乾隆年间成文的《大清律例》当时是领先世界的,靠刑部的专家与绍兴师爷,清朝的法制只要不涉及官员实施是算不错的,要不怎么出得了那么规模宏大的晋商、徽商、粤商啊!

张鸣说清亡是十多个偶然因素促成的,某种程度上我是赞同晚清重臣于式枚的观点,中国完全有理由理论自信。

# 25 年后再聚首 ▶

**2015 - 01 - 06**

25 年后,当年几位高一的同学相聚南京拜见现南师附中任教的周荣海老师,曲水流觞。周老师欣然命笔:

## 相聚世纪缘

新年伊始,首届弟子迎春兄自沪上来宁一晤。在宁之向军、伯雄、胡红与伯卿诸君欣然会之。晋兰自是东道主妇矣!岂可无诗乎?草撰四韵,贻笑诸君矣!

绛帐科徒二十载,首届弟子不惑年。

桃李千株春风笑,芬芳万里秋实鲜。

海上帅哥飞车至,山畔玉女捧花妍。

他年驾鹤蓬莱日,但求回眸世纪缘。

鄙人和打油诗一首:

泗水流,汴水流,流到江宁古渡头,钟山乐悠悠。

韶华流,说莫愁,师生如今白了头,掼蛋争上游。

因没叫上丹阳悬壶济世的潘金林同学,揶揄道:

秦淮畔,世纪缘,猪头偷渡京口旁,偷偷去要饭。

时光暂,相聚短,都是当初少年犯,何日把蛋掼?

周老师感怀:

## 相聚抒怀

人生到处知何似,应似飞鸿踏雪泥。

静夜细数苦与乐,惟余故旧深情谊。

潘金林和打油诗一首：

廿载别离知何似，长笑鸿飞留雪泥。

何当共聚同一乐，却话当年师生谊。

# 关于阴历与阳历的介绍 ▶

## 2015 – 03 – 15

我微博上一句"二十四节气是公历"引起嘘声一片，甚至有人怀疑我是不是被盗号了，所以就琢磨了一下历法。近二十年没摆弄过天文学了，所学也仅局限于航海天文。当初球面几何与天文，包括考大副时都是近乎满分，六分仪三星定位连测，带算到画好约 15 分钟即可完成。

非常奇怪为何人们重视数理化，不重视天文学，天文学是与数理化一样重要的基础学科，据说仅仅作为高中地理里的一个章节。世纪大道上树了个这样的日晷（图5），不知几人能看懂其原理。25 年前进天文馆时，记得老师说日本有这样的天文馆四百多座，而国内仅有北京与大连两座。今天不知道改观了没有。由于严重的雾霾与灯光污染，城市的孩子很难看到星星，天文馆可以把模拟星空调到与外面的星空一模一样。

**图5　日晷**

闲话少说，我的标题其实是有问题的，只是我们平常都这么说而已。平常所说的阴历就是日历、台历、挂历上的农历，阳历就是公历。现在用的农历其实是阴阳历。阳历的原理最早在明朝万历八年（1580 年），由意大利传教士利玛窦引进中国。

古代国王把历法是放在江山社稷的高度上的，这是有其现实原因的。诸侯国错过了节气，导致农作物没收成，是要亡国的。而节气与月亮的圆缺没有关系，与太阳的公转有关，能把握住节气真是老祖宗很了不起的成就。

很想用简单的方法把问题说清楚，但网上很难找到令人满意的图片。我又画不好,图6拿过来凑合吧。

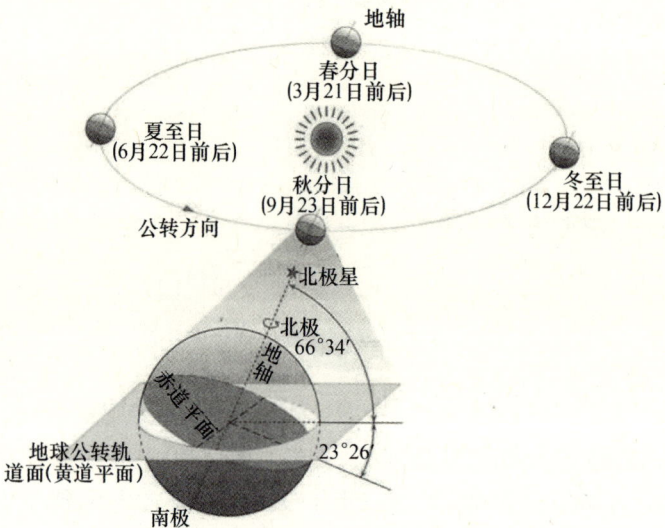

**图6 黄赤交角与二分二至地球的位置(北半球)**

地球的赤道所在的平面叫赤道面,地球绕太阳公转的平面叫黄道面,赤道面与黄道面有23°26′的交角,这就叫黄赤交角,有了这个交角,从北纬23°26′到南纬23°26′地球都有机会接受太阳垂直照射,试想,若没有这个交角,太阳就只能垂直照射在赤道上了;地球的自转,地轴是一直指向无限远处的北极星的。

地球一年绕太阳转一圈,从图6中可以看出,黄道面与赤道面有两个重合点,这两点上,太阳可垂直照射在赤道上。这就是春分点与秋分点,离两分点最远处称为夏至点与冬至点。

地球绕太阳转一圈是365天6时9分10秒,公转运行的轨道就是黄道,怎么样描述地球在黄道上的位置就是人为定义的了,把春分点定为零度,自西向东度量,一圈360°,24个节气,每15°就是一个节气。公历里节气所在日期基本没变化的(表5)。

**表5 二十四节气表**

| 节气 | 太阳黄经度数/(°) | 交节日期 |
| --- | --- | --- |
| 立春 | 315 | 2月3~6日 |
| 雨水 | 330 | 2月19~20日 |
| 惊蛰 | 345 | 3月5~6日 |
| 春分 | 360(0) | 3月20~23日 |
| 清明 | 15 | 4月4~6日 |

表 5(续)

| 节气 | 太阳黄经度数/(°) | 交节日期 |
|------|------|------|
| 谷雨 | 30 | 4 月 20～21、23 日 |
| 立夏 | 45 | 5 月 5～7 日 |
| 小满 | 60 | 5 月 20～22 日 |
| 芒种 | 75 | 6 月 5～7 日 |
| 夏至 | 90 | 6 月 21～22 日 |
| 小暑 | 105 | 7 月 7～8 日 |
| 大暑 | 120 | 7 月 23～24 日 |
| 立秋 | 135 | 8 月 7～9 日 |
| 处暑 | 150 | 8 月 23～24 日 |
| 白露 | 165 | 9 月 7～9 日 |
| 秋分 | 180 | 9 月 23～24 日 |
| 寒露 | 195 | 10 月 8～9 日 |
| 霜降 | 210 | 10 月 23～24 日 |
| 立冬 | 225 | 11 月 7～8 日 |
| 小雪 | 240 | 11 月 22～23 日 |
| 大雪 | 255 | 12 月 7～8 日 |
| 冬至 | 270 | 12 月 22～23 日 |
| 小寒 | 285 | 1 月 5～6 日 |
| 大寒 | 300 | 1 月 20～21 日 |

这样就明白了二十四节气是公历概念。

纯粹的阴历是指按月亮的月相来安排的历法。一个朔望月平均是 29.5306 日,一年平均 365.2422 日,约合 12.368 个朔望月。农历选择 19 年加 7 个闰月的办法,也就是农历 19 年中,有 7 年是 13 个月,所以有的农历年很长。原理是 19 个回归年等于 6 939.601 8 日,而 19 个农历年(加 7 个闰月后)共有 235 个朔望月,等于 6 939.691 0 日,这样二者就差不多了。

所以我们 19 岁、38 岁、57 岁时阴历生日与阳历生日是重合的。

农历每月第一个节气为"节气",即 0101 立春、0201 惊蛰、0301 清明、0401 立夏、0501 芒种、0601 小暑、0701 立秋、0801 白露、0901 寒露、1001 立冬、1101 大雪和 1201 小寒等 12 个节气。

每月的第二个节气为"中气",即 0102 雨水、0202 春分、0302 谷雨、0402 小满、

0502 夏至、0602 大暑、0702 处暑、0802 秋分、0902 霜降、1002 小雪、1102 冬至和 1202 大寒等 12 个中气。

设置闰月的规则是以不含二十四节气的中气的月份为闰月。闰年中以闰四、闰五、闰六月最多,闰九、闰十月最少,闰十一月、闰十二月和闰正月则不会出现,至少在几千年内是这样的。

2014 年是闰九月,上一个闰九月是 1832 年,下一个是 2109 年出现。

1984 年是闰十月,上一个是 1870 年,下一个闰十月是 2166 年,再下一个是 2318 年。

# 游日三悟 ▶

## 2015－05－19

漫步在熙熙攘攘的大阪心斋桥头,同事大有收购日本的架势。年轻时曾到过日本四十几个港口,尽管已十五年没来过日本,但感觉与十五年前差不多,物价也一样,但这些年,中国人的收入已翻了好多番,而且人民币对日元也升值了近一倍,往年高高在上的日本货变得便宜异常,叹惜青春已消逝。

突然对两位大阪府警察盘诘两位年轻人产生了兴趣(图 7),警察服装一点也不显眼,绝对没有高高在上的气势,简直要淹没在人群中,但是全副武装,防弹背心、手铐、警棍、手枪俱全。日本治安相当好,整个国家严格禁枪,绝少听到日本有枪战,但警察依旧武装到牙齿。我知道不会是小偷小摸,多半是涉毒,果然盘问一会儿,两个警察戴上

图 7　工作中的日本警察

了黑手套,看来是准备执法了。年轻人瘦瘦的,各背一个包,日语我也听不懂,但见两位警察开始搜身,翻出一包黑色盒子香烟,也许是我20年前听说过的黑猫烟,加了大麻的。年轻人有点苦笑,搜完身,警察拿出一张单子写了什么,再后来两位年轻人走了,两位警察又继续在街头巡视。还经常回答路人的询问,与所有日本人一样,非常职业的表情,亲和而又恰到好处。给我的感觉——素质真高。

在国外经常碰到公务人员执法,感慨良多。今天结束了5日4晚的日本关西游,从机场驾车回家,小区门口正在大兴土木,问门卫,说是建人行刷卡通道。我一声叹息,要这劳什子有什么用!若没有外来务工人员,上海人哪请得到4 000元一个月的保姆啊。我的文章中一再呼吁,我们的子女一定要学会与农民工的孩子一起学习、生活,而不是隔离!

回程乘坐国航飞机,中国飞机都要广播几遍全程禁止开手机,直到停稳之前都不可以开手机的通知。起飞后不久后座两位乘客对用手机产生了争执,突然小伙子高声大嚷道:"广播说不让开手机,你还按得叽叽响,你这是犯法的,这里是日本领土,这样做是要被拘捕的。"

我产生了兴趣,深知远洋船长是有一部分警察权,有一部分民政权,有一部分处方权的,机长在起飞后也应差不多吧,所以想看看国航的员工怎样处理争执,空姐很快平息了争端。飞行平稳飞行后空姐把小伙子与被投诉的女乘客分别叫到头等舱,从箱子里取了些文件,看来是做过笔录了。由于没有肢体冲突,当然降落后没有警察在梯口等着。

我身边的几位日本乘客倒是在飞行平稳后用耳机听音乐,我知道手机的一点无线电辐射对飞行安全没什么大不了,向来严格守法的日本人都在做,看来与我的认识一致。

飞机降落后,大家都把手机打开,广播里一如既往地要求舱门打开前保持手机关闭。

没有人拿出数据来论证飞行中开手机对飞行安全到底有多大影响。也许暴怒的小伙子不知道日本在2014年9月1日后是允许飞行中使用带飞行模式的手机的。飞行模式木就是欧美发明的,所以欧美更不在话下。

离开日本前,当地导游笑称,生活在日本,人会特别简单,半夜的红灯也没人会闯。生活一段时间基本都会认同这样的生活方式,我早就入乡随俗,在日本从来不锁门,放眼一打量,日本旅客多的宾馆,我连钱包都随手放在宾馆桌子上,十年的航海生涯熟悉了这一切。

同事在公园捡到一把伞,20年后我才明白,或许就是日本人放在那里的,当初我们捡过多少这样的东西啊!

机场免税店的好东西太多,没空吃午饭,到免税店买些点心准备待会儿当午饭

吃。售货员一开口就知道是中国留学生,说这里免税的东西只能到目的地吃,这里不能吃,吃了要交税的。老婆说:"那我们飞机上吃。"售货员说,飞机可能因为天气原因返航,飞机上也不可以吃的。买完了,老婆问:"我现在吃,他怎么罚呢?"大有小孩子犯错误的得意,我说,法律这么规定,都这么做就行了,不一定都有处罚的。道理与法理其实很简单。

日本违法的人少、人民素质高、小学教育做得好、大多人信仰宗教是一方面原因,也正因为违法的人少,个别违法的人是那么刺眼,比如小偷小摸,除了外国人,日本人是极少极少的。警察平常重大事件不多,追求服务品质,细小的事情也会处理得很到位。听说大阪有人报警自行车丢了,自己不抱希望了,过了大半年,警察从冲绳把自行车运回来了。

# 航海家 ▶

## 2015 – 07 – 26

科学家、企业家漫天飞的年代,甚少有人敢称自己为航海家。当然,航海早已是一门非常成熟、传统的行业,早已与冒险相距甚远了。近百年来,要有所突破、取得成就成为航海家,的确很难。有那么几位中国人为世界、为中国的航海进步做出了不朽贡献,他们可以称为航海家,共计四位,两位还在世,思来想去,难想起哪位还能超越这四位更够得上称为航海家的,其中一位还没上过船。

图8　航海家龚鎏(1928—)

**航海家:龚鎏(图8)**

理由:发明一点锚

中国航海史上,一批崇明船长是相当优秀的,无疑龚鎏是成就最卓著的一位。

1946年龚鎏报考上海交大驾驶专修科,交大放榜时,他从后向前看,怎么也找不到自己的名字,哪知高居榜首。到交大报到时才知道驾驶科合并到吴淞商船学校,原因是交大

航海系并给吴淞商船了,还是到吴淞商船报到了。当时吴淞商船学制是 3 年加 2 年实习,这一级,人才辈出,贝汉廷、赵锡成、戚熙如等都是这一级。他们大多没拿到毕业证,贝汉廷拿的是上海航务学院的毕业证,赵锡成后来被交大列为校友。

一点锚原理很简单,两个锚同时抛下,一起松到所需的长度,但的确是龚鎏的首创,挽救了大量的人命、财产。1975 年他在"红旗 155"轮"抗台"时有这想法,1978 年在广州海运局安全会议上提出并推广,1986 年以论文《论"一点锚"》参加中日航海技术交流,并当场答辩。

龚鎏最早提出《1972 年避碰规则》里的"MAY"在法律术语里等于"SHALL",作为"应该"的意思。

**航海家:卞保琦(图 9)**

理由:发明球鼻艏

若发明天文钟的英国钟表匠哈里森算世界上最伟大的航海家的话,那卞保琦也算航海家。

航海中,测量船所在的纬度相对容易,只要测量星体的中天高度即可得出纬度,但是想要获得经度,则必须有可靠的天文钟。在没有无线电校正时钟的情况下,高精度的天文钟,几乎是唯

图 9　航海家卞保琦(1916—)

一办法,钟表匠哈里森解决了这个问题,才使得大航海时代到来,造就了英国的日不落帝国辉煌。

卞保琦 1943 年毕业于吴淞商船学校,实际上,1942 年时叫重庆商船学校,卞保琦是学生会主席,闹得校长宋建勋下台,重庆商船学校并入交通大学。他后来进 MIT 获得造船与轮机双硕士学位,1951 年获得俄亥俄大学博士学位。后任美国海军部泰莱实验室专家,是全球第一艘核潜艇"鹦鹉螺"号研造的七位专家之一。1967 年提出"应用兴波阻力理论设计船身线形"的理论,引起世界轰动。日本三菱造船厂首先依其理论建造半潜型球鼻艏,董浩云在加拿大世博会上专辟一室介绍。1981 年为武汉船舶设计院设计的"东方红"客货轮设计方案进行修正,改进后的"东方红"系列船舶动力能耗比原来提升很多。1984 年又负责武汉水运工程学院轮船模型的制造。

**航海家:谭冠法(1914—1986)**

理由:

1. 建设湛江港航道及设置导航标志;

2. 担任"跃进号"海事调查技术总指挥。

竟然没有谭冠法的百度词条，倒是旧书网里有卖他 1958 年写的《实用磁罗经学》。

谭冠法 1936 年毕业于税专海事班第 3 期。税专海事班是为海关缉私船和航标船培养人才的学校，1929 年招第一期，1948 年招最后一期，主要的校址是今天的华山医院，学校主要课程都是由英国退役上校、中校舰长执教，训练相当严格，出海训练每天起床甲板跑步 20 分钟，再做俯卧撑，然后只准穿短裤，赤脚擦洗甲板，冬天也如此，抛锚时不管冰天雪地，早饭后即跳下海游泳，体力不支时才由助教下水救起，再放下救生艇，划艇，使帆。训练是与灯塔的检修保养要求相适应的。1949 年并入吴淞商船学校，其实只有林致良、刘前宜两人并过去。

谭冠法作为"海设"航标测量船的老船长，整个 20 世纪 50 年代都在中国沿海做水道测量，1951 年和 1952 年舟山穿山港及长江口南水道测量，1953 年广东雷州半岛外罗门水道测量，1954 年到 1957 年开辟广东湛江港航道扫海测量及测定导航标志，1958 年长江口北水道扫海测量，1959 年秋舟山普陀山外扫海测量，特别是跨越 4 年的湛江港的航道建设成果最为丰硕。20 世纪 50 年代中期大面积扫海是一项新课题，在建设一个新的海港中使用更无先例，谭冠海既是船长又是海测专家，克服了重重困难完成了扫海，精密计算与实地勘测相结合进行了导标的选址定位，共设置导标 11 组（22 座），另布置灯浮标 20 余座。

经过半个世纪的检验，湛江港的航道与导航设施完全能确保船舶的安全通航。1994 年 2 月在美国夏威夷召开的第 13 届国际航标会议上，中国代表团将湛江港的导航标志建设作为专题进行了介绍。

"跃进号"海事调查由周总理下令按谭冠法的思路进行，并任其为技术总指挥，并很快查明真相。文后附税专海事班第 13 期李汶的一段回忆录，详见"拓展阅读"。

**航海家：陈干青（图 10）**

理由：

1. 中国第一位远洋船长；

2. 争取中国人航权，为中国引航权做出卓越贡献。

自媒体时代，一些新海员第一次上船写了不少散文，拍了好些美丽的相片，但比起一百多年前陈干青第一次上船实习时的见闻，会逊色很多，详见"拓展阅读"。

陈干青与龚鎏一样，也是位崇明籍船长，吴淞商船学校第一届毕业生，是所有大连海事大学、上海海

图 10　航海家陈干青

事大学毕业生的学长。

1914 年陈干青毕业后,中国人的航海主权受英国人控制,远洋轮的船长、大副、二副及轮机长等要职都由外国人把持,陈干青很气愤,回到故乡开店经营南货。次年,欧战激烈,外国驾驶员纷纷回国,陈干青才得以任三副。他的经历可供现在的年轻人参考,机遇总是有的,只是机遇来时,你的能力能不能恰好抓住机遇。

1921 年陈干青以精湛的业务知识冲破把持海关的外国人的阻拦,任升利轮船长,成为中国第一个外洋轮的船长,结束了由外国人垄断外洋轮船长职务的局面。与林泰曾、刘步蟾他们在 40 年前任北洋舰队舰长不同,陈干青担任的是商船船长,的确开中国人先河。商船与军舰还是有很多不同的,日后陈干青在劳工、引航、保险、共同海损理算、碰撞处理等方面的成就是军舰舰长所不能及的。

1929 年陈干青代表中国政府参加日内瓦第十三次国际劳工大会海事会议,写成的《环球世界日记》很有意思。

1932 年,陈干青提议首创中国海上意外保险公司,以保障船员利益,陈干青出任董事长兼总经理。1933 年陈干青被推举为上海港船舶碰撞处理委员会委员,各国委任陈干青为其中国口岸代理。1934 年陈当选中国引航管理委员会委员。1935 年陈任上海引航员资格审查委员会委员,他录用中国人为引航员,打破了洋人对港口引航员一职的垄断。在与金月石的协力争取下,上海国际引航公会不得不在 40 名引航名额中给中国人一个名额,李高湑入选。1935 年增加至 4 人,何海澜、杨洪麟、朱哲加入。这是很了不起的成就。

### 拓展阅读

1. 税专海事班第 13 期李汶回忆录摘录

5 月中旬时值东海雾季,20 世纪 60 年代初期的中国海军还缺乏远海航行经验,整个调查编队(含护卫舰、猎潜舰、和平号商船和海设航标测量船)由谭冠法领航,他凭借着高超的航海技术和丰富的航海经验,自驶离长江口花鸟山灯塔测定一准确船位开始,综合使用无线电定位、天文测量推算船位,安全及时地带领编队驶抵韩国济州岛以南的苏岩附近海区。

在苏岩附近的工作海区,先由猎潜艇使用声呐探测海底起伏有没有变化,探测发现海水有突然减浅之处,再由海设船上的两艘小汽艇拖带硬扫具进行扫海。定位方法由海设船使用电罗经测定小艇方位,同时小艇测海设船桅杆垂直角计算出海设船(船位已由无线电定位及天测可知)至小艇距离,但扫测几天均无结果。谭船长通过周密分析跃进号的航线、航速、离苏岩的距离、航经苏岩时海流的流向流速等一切要素,估计如触礁后可能漂离的方位及距离,就驾驶海船易地到判断失事

区抛锚休整。次日清晨打算离锚地驶赴测区工作,但船首锚不能绞动,经过多次动车、绞盘均无效,船仍在锚地岿然不动。船长谭冠法对此做了科学分析与考查,对锚位做了水深测量,发现系锚点水深仅22米,而周围水深达51米,估计船锚可能抛在海底沉船或其他障碍物上。水深差值即沉船或障碍物的高度。于是没有做出割断锚链的决定,而是派潜水员顺着锚链下海探测究竟。结果是船首锚竟抛入"跃进号"的前舱。这说明了谭船长分析正确,当即将携带的直径2.4米乙炔绿色沉船灯浮直接系于锚链上,以标示出跃进号沉没的准确位置。

2. 陈干青:上"保民"练习舰开往福州记

"民国"二年冬毕业于交通部吴淞商船专门学校后,即回家度岁。三年二月初回校,廿八日偕同学十余人上"保民"练习舰实习。此为离开学校生活,初次与社会接触也。

三月二日,该舰离申赴闽。顺流而下,约一时许抵吴淞,遥望母校,见诸同学,或登屋顶打旗语以通话,或在钟楼下旗以行礼,船长拉汽笛以致敬,即转航向东,约五时许出长江口而入东海境。是夜浪静风平,月明皎洁,海中岛屿,隐约可见。

三日晨起,见旭日丽丽,绿波澄澄。倚栏远眺,一二帆船,隐约可指;三五水鸟,飞翔其间;追夕阳西下,细雨蒙蒙,风尚平静,余值更毕,即就寝。时至夜半,乌云密布,星月无光,狂风骤起,波涛顿生,其声如雷,其形如山,使船摇荡不堪。房中台凳,颠倒无遗,皆叹航海之不易,灰心短气之语,相闻于耳。继而互相吐食,其声甚苦,其气难鼻,后皆肃然无声,一若卧以待毙也。

四日晨起,觉船之摇荡暂平,皆披衣下床,至舱面散步。下午二时,进闽江口,两岸皆山,曲折甚多,诚天然之军港也。行半时许,见石条一,伸出江边,其形如腿,闽人名之金刚腿。三时抵马尾罗星塔,距福州三十里,即下锚于此。偕同学数人上岸,经罗星塔而至马尾海军学校及海军造船所参观,五时回船。

# 韩字节有感 ▶

**2015－10－10**

昨天是我国台湾省假期可以理解,双十节补休,怎么韩国也是假期?一查10月9日是韩字节,顿时觉得是很无厘头的节日。无疑文字是人类沟通的工具,但也是一种载体,承载的是文化,是历史。

若仅仅强调文字的沟通作用,那依旧没能摆脱动物属性,是没文化的。

也不过数十年前,韩国有文化的人必须会写汉字,因为韩文是说的,是人都会说话,会说话不能说是有文化,要有文化必须会写,写下来就是汉字。1882 年壬午兵变期间,张謇与金允植乘"威远"兵轮前往朝鲜的途中即曾多次笔谈,中朝之间是直接可以用笔交流的。

这一幕是多么熟悉啊!1929 年,民国政府要废除中医,全国各地的中医聚集上海开会,反对废除中医,开会时傻眼了,广东人听不懂上海人说的,上海人听不懂福建人说的,其中有留洋的,搞得中国人之间交谈必须用英语,开会的结果变成了"写会"了,方块字的力量果真强大,民国政府的废除中医案果真叫停了。

同样的事情发生在越南,拼音文字的确有其优势,汉字入门很难,越南推广拼音文字时,据说有的村花了三个月就消灭了文盲,用汉字是绝无可能的,特别是繁体字、文言文时代,掌握文字的确不容易,即便是晚清,识字率也不到 1%。

周边国家废弃汉字乃至去中国化,是与清末国家贫弱有关,其实民间是不弱的,根据朱维铮的研究,中国的 GDP 直到清末一直是世界第一的。

周边国家包括中国都反思中华文化是不是过时了,追求去中国化,其结果就是韩国、越南的拼音文字的建立。

其实数千年来,中国对外都是柔性扩张,认同中华文化的,是可以加入中华的,成为宗藩关系,中华文化数千年来,吸引着世界上最多的人口,得到最广泛的认同。

事实证明,儒家文化是有生命力的,也能够与现代法制有机地结合起来,新加坡、我国台湾省的发展也证明了这一点。

然而,已去中国化的韩国与越南,已不认识他们的祖辈了,改变一个民族,只需两代人而已,特别是越南,研究越南的历史,必须要到中国来研究了。

随着时代的发展,教育的普及,东亚地区人民教育程度显著提升,用不着像数十年前利用拼音文字来扫盲了,人民完全可以学好汉字,寻求恢复越南、韩国汉字。

对国人来说,读过儒家经典的人与没读过的人是不一样的。儒家经典指导着我近年的处事原则:

士志于道,而耻恶衣恶食者,未足与议也。①

君子务本,本立而道生。②

君子食无求饱,居无求安。③

———————————

① 《论语·里仁》
② 《论语·学而》
③ 《论语·学而》

# 海员、船员之辩 ▶

**2015 - 12 - 06**

这其实不该成为问题,过去江浙地区的海员,都被称为"撑船的"。① 蒸汽机时代,舱下做生火、添煤、加油的海员一条船常常有五六十位之多,中国人吃苦耐劳,性情随和深受欧美国家船东欢迎,大量雇佣中国海员。"撑船的"称呼来源于江浙一带有着数百年历史的沙船运输,早在嘉庆、道光年间,上海就有从事沙船运输的舵工、水手 10 万人以上。②

近几年有了船员与海员之争,有的海员不愿被称为船员,好似海员就更有优越感。其实,要彻底分清还真不是那么容易,国家主管机关里,只有"船员处",而不是叫"海员处",当然主管机关叫海事局也没错。对大片水域称海,是很多地方的习惯叫法,长江下游很多地方的百姓也称长江为海。南通地区既临江,又临海,百姓也不会分得那么清。

英语里没分得那么清,SEAFARER 本就是海员、船员之意。或许与英国、西班牙等传统航海强国本身没有发达的内河航运业有关吧。

语文里更没分得那么清,查阅《辞海》,海员的解释为原指海船上的工作人员,即对海船驾驶人员、水手、轮机人员、客货运输服务人员的通称;今泛指从事水上运输的船员,有时还兼指港口的某些工作人员。③

海员强调为海船上的工作人员是有根据的,根据《中华人民共和国引航员注册与任职资格管理规定》,引航员也要领取船员服务簿,算中国海员中的一员,有的长江引航员,没在海上开过船,每天驾驶海轮,称作海员是无疑义的。

我们来了解一下海员与船员的历史演变的过程。

1. 中国最早的航海学校叫"船政学堂",成立于 1866 年,比英国的格林尼治皇家海军学院还要早。校长就是船政大臣,是封疆大吏,第一任大臣叫沈葆桢,曾经

---

① 《泊下的记忆——利物浦老上海海员口述史》,沈关宝、李聆著,复旦大学出版社
② 《上海沿海运输志》第 3 页,上海科学院出版社
③ 《辞海》,上海辞书出版社,第 1351 页

手下的道台向其索要好处费，直接就斩首示众了。① 当然，当时中国还没有海军，那年代还没有现代意义上的商船，每艘商船都配备大量武器。那时中国还没有现代意义上的海军，船政学堂毕业生似乎与船更近。

2.1873 年轮船招商局成立，也就是现在的招商局，其历史上最为得意之事还是 1876 年收购旗昌轮船公司，有 7 艘海轮，9 艘江轮，当时江轮与海轮的船员是不分的，由船东选择雇佣。

3.1911 年，邮传部尚书盛宣怀给皇帝上《筹办商船学校折》②的奏折，称"以建设商船学校为船员之需，意实在此"，商船学校是培养船员的，这是最早、最具权威性的说法。

4.1912 年成立了"交通部吴淞商船学校"，历史上简称均为"船校"，船校的毕业生既驾驶海轮也驾驶江轮，在帆樯如云的年代，蒸汽机或者内燃机的铁壳江轮与海轮都是高精尖的技术。内河运输也曾是尖端技术，中远顾问朱曾杰先生在二战时期到美国联邦轮渡公司（Federal Barge Line）学习顶推业务，③二十世纪八九十年代长江里有很多顶推船队，有的是万吨级船队，可曾想那是二战后朱先生引进的技术啊。笔者曾对比过 20 世纪 80 年代末武汉河运专科学校的教材，除天文航海外，其他课程与海船驾驶专业一样。

5.1920 年陈嘉庚创办集美水产航海学校，在那个年代，水产与航海都是尖端技术，海船驾驶人员与渔民也不是分得那么清的，笔者在 20 世纪 90 年代对比过大连水产学院与连云港水产学校的捕捞专业教材，与海船驾驶专业基本一样，只是多了捕捞相关课程。

6.二战时期，船员与海员也是不分的。大连海事大学最早的毕业生之一，南洋公学船政 3 班毕业生郏鼎锡在 1937 年任民元轮船长，吴淞商船学校 1937 届毕业生施祖炜回忆，郏船长接到卢作孚抢运战时物资总动员令后，对他说"我们要响应总经理的号召，带领全体船员迅速投入到公司的抢运战斗中去，决不能落后"，④此处用的也是"船员"。

7.民国时期的规章也是用的"船员"——"抗战胜利后民国政府交通部除恢复吴淞商船专科学校，加快培养航海人才外，为就会急需，又制定了雇用外籍船员办法，允许中国船舶雇用外籍船员，规定沿海、近海船舶的外籍船员不得超过中国船员的三分之一，远洋船舶不得超过二分之一，并规定雇用契约期间，以六个月为

---

① 福建交通职业技术学院沈岩《近代杰出的政治家——沈葆桢》
② 保存于上海交大博物馆
③ 朱曾杰《我所经历的六十年中国航运沧桑》
④ 吴淞商船专科学校同学会编《淞水滢洄 海涛澎湃》，第 302 页

限"。①

8."海员"一词深入人心是由于样板戏《海港》中韩小强想当国际海员,的确那是国际海员地位非常高的年代,吴淞商船学校1943年毕业生周兆淮1953年去我国台湾省时,当时台湾省公务员工资是5美元,船长工资是400美元,是公务员的80倍。船长做一个月,抵公务员干6年半!二战后做生火的上海海员工资约10英镑,当时约合28美元。由于中国海员吃苦耐劳,有的船东反映,一个中国海员,能抵三个黑人海员,深受英美国家船东喜欢,大量雇佣中国海员,最多时仅上海地区就有五六千海员定居利物浦,《海港》中韩小强艳羡的国际海员就是指这样一群人。

9.有人说,海员定义应按《2006年海事劳工公约》的定义来,其实法律术语与日常用语是有很大区别的,属于SOLAS公约里的海船,与人们平常指的海船在范围上是有很大区别的。同样《2006年海事劳工公约》用的海员与日常中的海员也有很大区别。比如在工程船舶上承担海上施工的作业人员,属于SOLAS公约中的海员,但不属于日常人们理解的海员。

10.笔者日常工作中,也发现很多场合用船员更加合适,比如,在2008年次贷危机后,笔者曾将一艘船封存,遣返船员,这时用"海员"显得就很不自然。

总之,语言也是处于不断发展变化之中的,近些年海员与船员基本是可以通用、互换的词语。

(此文发表于《中国海事》杂志2016年第1期)

# 民营船东为航运抗日做出了杰出贡献 ▶

## 2015 – 09 – 05

1.民营船东破家赴国难

我们不应忘记舍家抗日的民营船东。茂利商轮总局的洪宝顺,华通轮船公司的汪子刚,公济轮船公司的孙韫山,裕中轮船股份公司的陈在渭,他们仅有的一艘船被征调抗日;民新轮船股份公司王时新仅有的2艘,中国合众航业公司朱志尧仅

---

① 《上海沿海运输志》,上海社会科学院出版社,第423页

有的 3 艘悉数被征调;陈通顺(图 5)中威轮船公司的 4 艘船,2 艘被征调沉于镇海,2 艘被日本人掳去,官司打到 2007 年,上海海事法院判决日本商船三井赔偿 1.9 亿元人民币,2014 年才执行完毕;沈锦州的华胜轮船股份公司共有 4 艘船,1 艘沉于江阴,1 艘沉于马当,1 艘在横滨外被击沉,汪伪政府赔偿 100 万中储券,1 艘被美国征用。

贡献最大的是虞洽卿的三北轮船公司及卢作孚的民生轮船公司。

表 6 是抗战军兴时民营船东破家赴国难的壮举。

**表 6　民营船东破家赴国难统计表**

| 公司名称 | 老板 | 战前公司规模<br>(均为总吨) | 船名 | 归宿 |
|---|---|---|---|---|
| 通裕航业,平安轮船 | 郑良裕 | 19 艘,4 410 总吨 | 新平安轮<br>裕新、春申等<br>其余船 | 全部沉没于沙市、鄂城、丹阳等水域 |
| 宁绍商轮股份公司 | 虞洽卿,严义彬 | 经营沪甬线 | 宁静轮(1 663 总吨)<br>趸船 4 艘 | |
| 肇兴轮船公司 | 李序园(山东人) | 8 艘 | 鲲兴轮<br>天兴轮 | |
| 上海三北轮埠公司 | 虞洽卿 | 500 吨级以上 33 艘,拖船 5 艘,驳船 12 艘,计 61 884 总吨 | 11 艘轮船及 4 艘趸船被征用 | 沉于江阴、马当、镇海、福州航道 |
| 安通轮船公司 | 黄佳秋 | 大兴、安兴两艘 | 安兴 | 沉塞连云港 |
| 大通兴轮船股份公司 | 卢汲三<br>庄树庭 | 7 艘<br>通顺(2 346)<br>源顺(1 631)<br>永顺(1 244)<br>平顺(1 584)<br>隆顺(921)<br>和顺(886)<br>新购容顺(907) | 容顺(907 总吨) | 马当 |
| 茂利商轮总局 | 洪宝顺 | 1 艘 | 茂利 2 号 | 江阴 |

表6(续)

| 公司名称 | 老板 | 战前公司规模<br>(均为总吨) | 船名 | 归宿 |
|---|---|---|---|---|
| 民生实业股份公司 | 卢作孚 | 42 艘,16 884 总吨 | 民元轮等 16 艘 | 日机炸沉,<br>死亡 116 人 |
| 达兴商轮公司 | 徐忠信 | 5 艘<br>达兴(1 040)<br>鸿兴(830)<br>福兴(619)<br>三江(460)<br>大兴 1 号(1 085) | 三江、福兴 | 沉塞于十六铺 |
| 华通轮船公司 | 汪子刚 | 1 艘<br>中和轮(2 032) | 中和轮 | 沉塞于十六铺 |
| 中国合众航业公司 | 朱志尧 | 3 艘<br>海州(1 471)<br>郑州(1 333)<br>徐州(1 658) | 郑州、徐州 | 沉塞于连云港 |
| | | | 海州 | 马当 |
| 华新轮船行 | 黄静泉 | 4 艘,华新、华懋、华达、静泉,计 26 900 总吨 | 华新 | 江阴 |
| 大陆航业股份公司 | 林熙生 | 4 艘,大陆、大生、大汉、大中,计 8 031 总吨 | 大中 | 江阴 |
| 中威轮船公司 | 陈通顺 | 4 艘,源长、太平、顺丰、新太平,计 12 033 总吨 | 顺丰、新太平 | 被日本掳去,2007年上海海事法院判决商船三井赔偿1.9亿元人民币2014 年执行完毕 |
| | | | 源长 | 江阴 |
| | | | 太平 | 沉塞于镇海口 |
| 公济轮船公司 | 孙韫山 | 1 艘,时和(1 512) | 时和 | 沉塞于连云港 |
| 民新轮船股份公司 | 王时新、伍泽民、姚书敏 | 2 艘,华平(载重 1 600)、长泰(载重 2 200) | 华平、长泰 | 沉塞于泉州、马当 |

表 6(续)

| 公司名称 | 老板 | 战前公司规模<br>（均为总吨） | 船名 | 归宿 |
|---|---|---|---|---|
| 华胜轮船股份公司 | 沈锦州 | 华胜（载重 3 500）<br>华顺（载重 4 900）<br>华强（载重 5 300）<br>华富（载重 5 034） | 华富 | 江阴 |
| | | | 华胜 | 马当 |
| | | | 华顺,改挂葡萄牙旗 | 横滨外被击沉,汪伪政府赔偿中储券 100 万 |
| | | | 华强,改挂荷兰旗 | 被美国征用 |
| 裕中轮船股份公司 | 陈在渭 | 1 艘 | 裕平 | 征用做军运,宜昌沉没 |

　　虞洽卿(图 11)抗战前夕是中国第二大船东,最大的是招商局,1930 年时,虞洽卿的船队仅比招商局少 2 艘,1 290 总吨。抗日战争前夕,三北、鸿安、宁兴 3 家公司共有轮船 49 艘、7 万总吨位,抗日战争爆发后,被国民政府征用,沉于军事要塞的船舶有 11 艘、总吨位近万吨。西撤轮船 20 艘,因吨位大、吃水深,无法航行,多数遭日军飞机炸损,4 艘柴油机货轮,因燃油供应不上,亦多停航,仅靠寿丰、蜀丰、渝丰等小轮行驶川江,勉强维持。留在上海的 16 艘轮船,挂外国旗,继续航行于长江、沿海和近洋。

　　破家赴国难是很多民营船东的民族气节、家教使然,表 6 最令人感动的是中国合众航业公司的朱志尧,他的 3 艘船,2 艘沉塞于连云港,1 艘沉塞于马当。朱志尧(图 11)是复旦大学创始人马相伯与奇才马建忠的外甥。我曾写过《想起马建忠》,其外甥就是毁家抗战的民营船东朱志尧。

虞洽卿　　　　　　　　陈通顺　　　　　　　　朱志尧

**图 11　抗战时期破家赴国难的民营船东**

2. 民营船东指挥了中国的"敦刻尔克"大撤退

抗战前夕,卢作孚的民生公司拥有轮船 42 艘、吨位 16 884 吨、职工 2 836 人,经营了川江航运业务的 61%。抗日战争爆发后,国民政府任命卢作孚为军事委员会水陆运输管理委员会主任,卢作孚坐镇武汉、宜昌等地,具体指挥,成功指挥了中国的"敦刻尔克"大撤退。整个抗战期中,民生公司共抢运了各类人员 150 余万、物资 100 万余吨,遭日机炸毁船只 16 艘,牺牲职工 100 余人。我们不应忘记,卢作孚作为民营船东为抗日战争胜利所做出的贡献。

1937 年江南船厂新建造的民元轮下水,是上海直达重庆的客货班轮,船长郏鼎锡是我能考证出最早的吴淞商船的毕业生(船政 3 班)。1937 年吴淞商船毕业即任该民元轮二副的施祖炜记述如下:

"1937 年 8 月 13 日清晨续航上驶,到江阴炮台江面时,遥见前面有十条海轮,一字行排开,横抛锚在航道中间,不能通行。船长正在犹豫之际,忽见一小汽艇开来,用话筒呼唤:'民元轮跟我航行'。我轮尾随小艇前行,安全从海轮中间穿过,快速前进。第二天到了南京,才知上海抗日战争已经打响,江阴航道全被封锁。

民生公司卢作孚(图 12)总经理参加南京国民政府研究抢运战时物资总动员方案回来后对民生公司全体职工发出总动员令:'国家对日的战争开始了,民生公司的任务也就开始了。民生公司应该首先起来参加战争。'船长郏鼎锡就对我和大副李孟昭说:'我们要响应总经理的号召,带领全体船员迅速投入到公司的抢运战斗中去,决不能落后。'从那时起民元轮就在宁渝线上抢运政府公物和金陵兵工厂器材等物资到重庆。冒着敌机轰炸,日夜航行在宁渝线上,加速周转,增加运量。到 1937 年 11 月 23 日,南京沦陷止,民元轮运出政府战时物资共 6 000 多吨,公务员及难民 16 000 多人,下水运送抗日军人 20 000 多名,军盐、军粮 6 000 余吨,为抗日战争做出了贡献。"

图 12　卢作孚

1938 年 10 月 25 日武汉沦陷,宜昌积压 3 万以上人员、9 万吨以上的器材待运,这些器材在当时是全国兵工工业、航空工业、重工业、轻工业的生命,实在太珍贵了。民生公司共有 22 艘船参加抢运,民元轮是其中之一。经过 40 天日日夜夜抢运,终于把宜昌的积压器材和人员全部运完,相当于 1936 年民生公司全年的运量。一天等于九天,真是航运史上的奇迹。

1940 年 6 月 12 日宜昌失守后,民生公司的船舶遭到敌机日夜不停轰炸。1940 年 9 月 3 日,民元轮在巴东码头上被炸沉,船员一人殉职。1941 年 8 月 20 日民俗轮在巫山峡青石洞航途中被日机炸沉,船员 70 人遇难。吴淞商船毕业生大副李晖汉为抢救船员,最后自己牺牲了。在抗战期间,民生公司被炸沉的船有8艘(一说16艘),116名船员遇难,他们为祖国献出了宝贵的生命。

构建江阴阻塞线,我爷爷亲眼所见,多次向我提起,当时好些船是雇来装石头的,国民政府突然说要征用沉江,江边哭声一片,有的人投江自尽,可见抗战的残酷。我爷爷兄弟两人在江边捞起沉船漂起的木头,做了一对米柜,见图13。

**图13 米柜**

### 3. 抗日战争中的"另类公司"(表7)

**表7 抗日战争中"另类公司"统计表**

| 公司名称 | 老板 | 战前公司规模 | 战前状态 | 归宿 |
|---|---|---|---|---|
| 烟台政记轮船股份公司 | 张本政 | 仅次于招商局与三北轮埠,有当时中国最大的轮船:6 000总吨的中华轮 | 拒不执行国民政府交通部南下电令 | 共14艘被盟军击沉 |
| 泰昌祥轮船行 | 顾宗瑞 | 2艘,永升、永亨 | | 相继沉没,拆毁 |
| 中国航运信托公司 | 董浩云 董汉槎 | 7艘,<br>天行(5 252)<br>昌黎(4 683)<br>唐山(4 685)<br>天平(3 930)<br>慈云(3 425)<br>慈航(465)<br>滦州(5 338)<br>40 000余载重吨 | 抗战前恰好破产 | 无损失,战后均驶往我国台湾省 |

烟台政记轮船股份公司总部在烟台,但经营都是在大连,高级海员大多为雇佣的日本海员,1931年吴淞商船学校实习生汪德培曾到该公司的中华轮实习,当时

为国内最大的商船,6 000 总吨,船长为日本人中野升兵卫。1932 年 3 月 9 日汪德培服务于该公司另一艘船,在安东港亲见岸上拉下青天白日满地红旗,换上红蓝白黑满地黄的伪满洲国国旗,不愿再为亲日的北方航商服务,当航次即休假离船,加入招商局。

抗日战争爆发初,国民政府交通部电令中国轮船一律自华北各港南下,以免日军劫掳,但政记公司拒不执行,甘心附敌。该公司有 14 艘轮船在运送军火途中被盟军飞机和潜艇击沉,其余船舶也均失联。

顾宗瑞的泰昌祥轮船行抗日战争爆发后,仅有的永陆、永亨轮相继沉没、拆毁(泰昌祥公司纪念册有不同记载,在未获得进一步史料前,暂这样记载)。

1933 年董浩云成立中国航运信托公司,1936 年与顾宗瑞的大女儿顾丽真结婚,同年升任天津轮船同业会副会长。1937 年爆发卢沟桥事变,抗日战争爆发,董浩云的中国航运信托公司宣告破产。

当然,另类的民营船东只占极个别。烟台政记公司本就是亲日公司,顾、董两公司并未做错什么。

## 水渍从何而来 ▶

　　随着亚洲各国经济的发展，基础设施大规模建设，水泥需求越来越旺盛。其中不少水泥是由我国出口，在承运水泥过程中也遇到一些问题。

　　"南京轮"1995年2月7日从山东龙口满载袋装水泥驶往印度尼西亚的索龙港（Sorong），卸货过程中水泥袋上出现大量水渍，监卸人提出货物湿损，要求签货损。该航次在龙口受载期间一直天气晴朗，途中未遭遇恶劣天气，卸货时更未在雨中作业，如此水渍从何而来？

　　同时卸货的还有"新惠轮"，也是从龙口装运水泥，先卸一部分在印度尼西亚查亚普拉港（JAYA PURA），索龙为其第二卸货港。该轮卸货过程中就没有水渍，据码头工人讲，在"新惠轮"工作太热，还是"南京轮"凉爽。细查"南京轮"水渍情况，货舱两侧水渍较少，中间则很严重；上部基本无水渍，越往下则越严重。水泥为怕水货物，若其内容像外表一样潮湿，则货损无疑是相当严重的。经下舱划开水泥袋检查，水泥内容完好，推断为汗水所致。经向港方监卸人员解释，对方同意这个

观点,当然也没有签货损。

龙口地处温带,冬季气温很低,常在摄氏零度以下,水泥库存一段时间后,其温度也与气温差不多(与索龙港露点温度相差悬殊)。起航后,日趋接近热带,外界气温和海水温度都上升很快,一般情况下,冬季运货由寒冷地区驶往热带地区,货舱露点温度始终低于外界大气露点温度,不可以进行通风,所以舱内货物温度回升相当缓慢,又由于运输过程中,货运周期短,货舱紧闭,致使到港后,将温度计插入新卸出的水泥袋,其温度仅 20 ℃左右,远低于露点温度,这是产生水渍的原因。

为何新惠轮未产生水渍呢?我们可以将南京轮与新惠轮做个比较:南京轮与新惠轮都从龙口出发,南京轮历时 9 天靠索龙卸货,在查亚普拉港卸货基本上无水湿,抵索龙后则水泥很干燥,由此可以看出,水湿产生还与装货至卸货间的时间间隔有关,即与水泥的温度上升程度有关。

那么在航程短、温差大的情况下能否避免水渍呢?若航行中打开机械通风,欲使水泥的温度升高,那么一来中间的一部分可能会如饺子馅,温度依旧;二来货仓中本来低温、干燥,若将温暖高湿的空气带入货舱,那整个航程水泥包上都会积聚一层汗水,收效适得其反。假如像载运袋装大米一样采用明风道或暗风道进行通风,似无必要,过去有船从国内载运大米和其他谷物去非洲,航行在热带地区时,采取开舱暴晒,收效良好,承运水泥能否借鉴呢?笔者认为,只要舱内外露点温度相差不是很大,热带地区航行时间长,还是可取的。

出口袋装水泥的外包装一般由隔水的化纤编织物与牛皮纸紧密粘贴而成。牛皮纸有一定的吸水性,能吸收部分汗水;编织物位于内层,有一定的隔水性,不会使汗水渗透入水泥。事实上卸出的水泥包其温度会很快升高到与当地气温一样,其外包装上的汗水会在一两天内蒸发掉,无损于水泥的质量。所以一般情况下无通风的必要,只是卸出的水泥袋实在难看,那只有靠船方及有关部门做好解释工作,必要时可请有关部门对其品质进行鉴定。

(此文发表于《航海技术》1994 年第 4 期)

# 水尺计重在木材运输中的应用 ▶

【内容提要】此文将散装货物水尺计重的方法应用到木材货重计算与常数计算中去,并设计出一张计算表。

关键词:水尺计重 纵倾修正 艏柱吃水 艉柱吃水 港水密度修正

水尺计重广泛应用于大宗低价值散装货运输,笔者在木材船工作时,将其应用于木材质量计算和船舶常数的求取,确保船舶安全,并做到尽可能多装货,取得良好的经济效益。

1. 木材船引入水尺计重的必要性与可行性

很多情况下木材船都是装满开航,怎样才能尽可能地多装货,常数的精确求取无疑很重要;若多港装货,第二港具体能装多少,给出个相对准确的剩余装载量十分有必要。

木材不同于其他货物,有恒定的积载因数,木材的干燥程度,砍伐时间,水里或岸上装上船的,以及木材的大小、形状等,对木材积载因数影响很大。木材船的危险性也多半来自积载因数,来自于对甲板和舱内木材质量的计算不准确性。

若装同一种木材可这样求取积载因数:舱内货装满时,其所占舱容为定值,用水尺计重的方法求得木材质量,由下式求得,即

$$SF = \frac{V_{ch}}{W_h}$$

式中　　$V_{ch}$——货物总舱容;

　　　　$W_h$——舱内货物总重。

根据求得的积载因数与剩余装载能力预求甲板可装货高度,计算此高度下的稳性、吃水差与静水切力及弯矩,若不合适,及早调整。

水尺计重的计算过程并不烦琐,下文提供一张计算表格(表8),仅需填入二十几个数字就可得出货重,表格设计上将出错概率尽可能降低。大多船舶都提供有助于计算的相关资料,给计算带来方便。

2. 基本思路与方法

大体思路:读出六面吃水—艏艉垂线修正—拱垂变形修正—纵倾修正—港水密度修正—排水量—减去空船及压载水等的质量,即得货重。

读六面吃水消除了横倾与扭曲变形对水尺读数的影响。

艏艉水尺应标于艏艉柱上,但基于船体形状而不能标于艏艉柱上,在船舶存在纵倾时,直接读数与艏艉柱上应有的数值有差别。而计算时是按照艏艉柱上吃水进行计算的,这就需要将直接读出的吃水订正到艏艉柱上。 些教材中也给出了订正值计算方法。实际上大多远洋船出厂时就给出了修正值表(Correction Table of fore and aft draft for trim),根据吃水差直接查取即可,经修正后的吃水记作 $d_{A.P}$ 与 $d_{F.P}$。

中拱中垂修正是对六面吃水多次求平均值而得,即

$$d = \frac{6d_M + d_{F.P} + d_{A.P}}{8}$$

式中,$d_M$ 为船中左右吃水的平均值。

有的书中给出的公式为

$$d = d_i + \frac{3}{4}\delta$$

式中　$d_i$——艏艉吃水的平均值；

　　　$\delta$——拱垂值。

其实以上两个公式是一致的,证明从略。

纵倾修正是根据"根本氏"法进行修正的,计算公式为

$$\delta\Delta = \frac{t \cdot X_f \cdot TPC \cdot 100}{LBP} + \frac{50t^3}{LBP} \cdot \frac{d_M}{d_Z}$$

式中　$X_f$——漂心距舯距离；

　　　$t$——吃水差；

　　　$\dfrac{d_M}{d_Z}$——厘米纵倾力矩 $MTC$ 的变化率,近似等于 $\delta MTC = MTC(d_2) -$

$MTC(d_1)$。

式中 $MTC(d_1)$ 为 $d-0.5$ m 时的 $MTC$,$MTC(d_2)$ 为 $d+0.5$ m 时的 $MTC$。

经以上述修正后得出的排水量是标准海水中的排水量,尚需修正为港水中的实际排水量,其计算公式为

$$\Delta_2 = \frac{\rho \cdot \Delta_1}{1.025}$$

式中　$\rho$——实地测量的港水密度；

　　　$\Delta_1$——港水修正前的排水量；

　　　$\Delta_2$——港水修正后的排水量。

经过上述修正后的排水量减去船体、常数、压载水、重油、轻油、淡水等的质量后即可得货重。若货重为 0,常数未知,则可求得常数,所以装货开始前可用此法求常数。

3.资料准备

(1)各压载舱、污水阱、淡水舱、油舱的存量均需获得

液舱内容物质量由测深求出容积,查取容积时要注意纵横倾影响,容积乘相对密度即得质量。为求精确,相对密度要考虑。油类相对密度随所装油的来源地及厂家不同而不同,需向轮机长索取。压载水相对密度随泵入水的时间及海域不同而不同,一条 22 000 t 级的木材船,压载舱有 4 000 多立方米,若相对密度误差为 0.005,其质量也差 20 余吨,比较好的办法是在压载舱压满水后由空气管漏出时,用桶接一点水量出其相对密度(虽不规范但常用)。

装货前,轮机部报给大副的油账常因疏忽造成漏报现象,以致常数无法控制。大副应询问或提醒轮机部相关人员。常易漏报的油舱包括:①BILGE TANK(到港

前应处理妥当）；②F. O. OVER FLOW TANK(燃油溢油舱)；③BILGE OIL TANK；④
LUB OIL SUMP TANK；⑤F. O. SETTING TANK(燃油沉淀舱)；⑥F. O. SERVICE
TANK；⑦D. O. SETTING TANK(轻油沉淀舱)；⑧D. O. SERVICE TANK。

（2）水尺的读取及相对密度的测量

读取水尺时，船上不应有可能影响读数精度的任何操作。对于有规律上下波动的水面的水尺读取，应将水面波动至水尺最高与最低处的水尺读数作为一组，连续观测 3~5 组，取平均值作为该处读数。

水尺标志有其特定要求，读者留心可以看出水尺标志的数字结构大体都

**图 14　水尺标志**

有这样的规律，如图 14 中"8""6""5"，均可看为均匀地分成五等份。

海水相对密度计要使用经过校正的精度高于万分之五的铅锤相对密度计。若厂家未给出修正值，可以自己测定误差，简便的方法是取一桶淡水(4 ℃为好)，用相对密度计量取相对密度，此时若不指在 1.000 上，差值即为修正值，注意其正负。若大于 1.000，则修正值为负；若小于 1.000，则修正值为正。相对密度计放入水桶中时应轻轻旋转，以克服表面张力的影响，稳定后读取水的下沿所指示的刻度。

港水相对密度的选择应避开船舶排水管口或码头下水道口，在船的中部、吃水的一半处选样，量水桶底部为铅块，以保证橡皮塞盖住时也能沉入水里，绳子与橡皮塞上铁链连接。这样塞住的空桶投入水里沉到所需的位置，一拉绳子，塞子打开，相应深度的海水进入桶中，拉上即可。

4. 计算表的使用（表8）

（1）读取六面吃水，记入①~⑥中，求出①与②，③与④，⑤与⑥的平均值填入⑦~⑨中，⑨减⑦所得值称为相对吃水差，填入⑩中。根据⑩查艏艉柱修正值表，填入⑪与⑫中。由于一般状态下船舶均保持艉倾，艏柱修正恒为负，艉柱修正恒为正，计算表格中已填好符号，所以填入数字时无需考虑符号。修正后的吃水记入⑬与⑭中。根据公式计算出消除了中拱中垂影响后的平均吃水，记入⑮中。

（2）将⑮中的结果整数部分填入⑯行"m"前面，小数点后两位填入⑯行"m"后面，小数点后两位以后的数字填入⑰行中，根据⑯中的数据查静水力表(Hydrostatic Table)，得出的排水量记入⑯行后面格子中，厘米以后的吃水要内插修正，修正值记入⑰后面的格子中。另外，查得的TPC，漂心距中距离 $X_f$，该吃水上下0.5m处的MTC 均记入右下角表内备用。由于 $X_f$ 有正有负，所以填写时应注意在括号内填上正负号，本计算实例所使用的静水力表以舯前为负，舯后为正。查得的两个 *MTC*

相减,所得差值填入 $\Delta MTC$ 中。

(3)纵倾修正分成 $A,B$ 两项。为防止计算中带入正负号而引起错误,本计算表以艉倾为正。由于计算实例中的 $X_f$ 以艏前为负,艏后为正,所以纵倾修正 $A$ 与 $X_f$ 同号,括号中未填符号,计算过程中填上;纵倾修正 $B$ 则恒为正,括号中已填妥。分别将计算结果填入⑲与⑳后的空格中,将⑱,⑲,⑳进行加减运算,结果填入㉑中。

(4)对㉑进行港水密度修正,结果填入㉒后的格中。

(5)将读取水尺时船存油、水填入计算表左下角小表内,合计值填入㉓中,㉒减㉓即得货重,填入㉔中。

表8 ××轮水尺计重计算表

航次:01 时间:1600 日期:1996.4.12 港口:TACOMA USA

| | 左舷吃水 | 右舷吃水 | 平均吃水 | 艏艉垂线修正 | |
|---|---|---|---|---|---|
| | | | | 艏柱 | 艉柱 |
| F | ① 9.020 | ② 9.050 | ⑦ 9.035 | | |
| M | ③ 9.190 | ④ 9.620 | $d_M$⑧ 9.405 | ⑦ 9.035 | ⑨ 9.773 |
| A | ⑤ 9.715 | ⑥ 9.830 | ⑨ 9.773 | ( - )⑪ 0.012 | ( + )⑫ 0.033 |
| 相对吃水差:⑩ 0.738 | | | | $d_{F.P.}$⑬ 9.023 | $d_{A.P.}$⑭ 9.806 |

⑮ $\dfrac{6d_M + d_{F.P.} + d_{A.P.}}{8} = \dfrac{6 \times 9.405 + 9.023 + 9.806}{8} = 9.407\,35$

| ⑯ 9 m40 | 28 213.71 |
|---|---|
| ⑰ 00mm00735 × (28 246.82 - 28 213.71) | ( + ) 24.34 |
| ⑱经过以上修正的排水量 | 28 238.05 |
| ⑲ 纵倾修正"A" $\dfrac{\text{吃水差}\ t \times TPC \times X_f \times 100}{LBP} = \dfrac{0.782\,5 \times 33.07 \times (+2.05) \times 100}{148}$ | ( + )35.84 |
| ⑳ 纵倾修正"B" $\dfrac{50 \times \text{吃水差}\ t^2 \times \Delta MTC}{LBP} = \dfrac{50 \times 0.782\,5^2 \times 24.51}{148}$ | ( + )5.07 |
| ㉑纵倾修正后的排水量 | 28 278.96 |
| ㉒ $\dfrac{\text{排水量} \times \text{港水密度}}{1.025} = \dfrac{28\,278.96 \times 1.020}{1.025}$ | 28 141.01 |

| ㉓除货物外的质量 | | | 8 360.6 |
| --- | --- | --- | --- |
| ㉔货重 | | | 19 780.41 |

| 空船 | 5 000 | | |
| --- | --- | --- | --- |
| 常数 | 210 | 吃水量 0.782 5 | TPC:33.07 |
| 压载水 | 2 272 | $Xf$:（ + ）2.05 | 港水密度 1.020 |
| 重油 | 729.1 | $MTC$:8 m90 | 317.58 | $\Delta MTC$ |
| 轻油 | 63.5 | $MTC$:9 m90 | 342.09 | 24.51 |
| 淡水 | 86 | | |
| 合计 | 8 360.6 | | |

表 8 给出了某轮 01 航次在美国 TACOMA 港装货快结束时的计算实例,读者可根据各轮的静水力表设计出类似的计算表,复印若干份。

5. 计算表的应用

若在空船时读取水尺,则货重为 0,㉒ = ㉓,左下角小表内只有常数未知,这样可求得常数。

若舱内货物恰好装满,甲板货又未装时读取水尺,船方可要求工人停装十分钟,以便读取水尺。计算出来的货重为 $W_h$,《装载手册》中可很容易查得总舱容 $V_{ch}$,注意这里用的舱容是包装舱容,而不是散装舱容,根据

$$S.F = \frac{V_{ch}}{W_h}$$

可求出积载因数。

根据该航次所使用的载重线,确定满载吃水,查出该吃水下的排水量。Δ − ㉒,即得甲板货质量 $W_D$,根据公式

$$V_D = W_D \cdot S.F$$

求得甲板货体积。根据甲板高度 − 容积表确定装货高度。确定装货高度时应注意以下几点:

(1)先确定第一货舱甲板木材高度。因为第一舱甲板木材若过高会影响驾驶台瞭望视野,再则航行中风与浪大多从船首来,第一舱船首部分若堆得又高又直,易受到风浪的严重冲击,造成绑扎钢丝与链条的崩断。引发货损,危及船舶安全。而甲板木材是牵一发而动全身的,甚至有船全部甲板木材被冲光的情况,而冲下海的木头又威胁着船的安全,所以一旦发生木头落入水中,船长应按 SOLAS 公约的要求发布航行警告。

（2）货物表面应保持一定弧度，即中间稍高，两舷稍低，这样对绑扎有利。根据 IMO《装运木材甲板货物安全实用规则》（*The Code of Safe Practice for Ships Carrying Timber Deck Cargoes*），甲板上木材堆放的最大高度不得超过船舶型宽的 1/3，所以甲板木材最多只能装这么高。

（3）进行船舶稳性、吃水差、静水切力与弯矩的预求，检验预配的可行性，必要时调整压载水或改变装载数量与分配。稳性并不是越大越好，众所周知初稳性高度越高，摇摆周期越短，甲板木材所受惯性力越大，易导致绑扎松动。笔者服务过一条 22 000 t 级木材船，满载木材在北太平洋遭受 12 级以上大风，当时，GM 为 0.6 m，横风下，船摇摆幅度很小，但向一侧倾斜 5°，平安无事。

（此文发表于《航海技术》1998 年第 6 期）

# 水深变化大的锚地的锚泊作业 ▶

【关键词】船泊　测地系　测深锤　测深仪　锚地

【摘　要】在水深变化剧烈的锚地抛锚要特别小心，一旦将锚抛入深水区极易丢锚丢链，一些港口有记录的遗失锚链就达上百具之多。本文探讨了在这种锚地抛锚的方法，推荐了几条锚误抛入深水区后，锚机超负荷时将锚绞起的方法。

【中图分类号】U675.92　　　【文献标识码】B

【文章编号】1006　7728（1999）03.0003.02

一些港口的锚地水深变化很大，甚至有的可锚泊水域外几链就是深水区，极易发生丢锚丢链事故，个别港口有记录的弃锚竟达上百具。最典型的港口如日本清水港，港口当局划定的锚地外仅 3 链就是 200 m 等深线，在这种锚地抛锚尤其要小心。以下结合笔者工作中的体会就这个问题进行探讨。

首先要尽可能避免在这种锚地抛锚。提前抵港，若时间不长，宁可选择漂航，若时间长可选择离港口稍远处更妥当的锚地；出港前尽可能将未尽事宜在开航前办妥，避免离泊后抛锚再办。必须在这种锚地抛锚时，应注意下列事项：

1. 保持连续定位，随时掌握船舶位置，并且推出船首所在位置。因为这些锚地基本上都很狭窄，时常仅几链宽，很可能驾驶台位置水深合适，近一链外船头水深就显著变深。

2. 采用雷达避险，捕捉到显著物标后，在海图上量出可锚泊水域最外缘离该物标的最远距离。如清水港,无论如何不可以离开防波堤 0.5 n mile 抛锚。

3. 注意校核船位。应用陆标定出的船位不应是一点,而应是误差三角形,即便三角形不画出,也必须将第三元素在海图上比划出来,以防出现定位错误。若误差三角形较大,则应考虑陆标选择是否错误,比如浮标误认、防波堤接长等。

4. 多种定位手段相结合。现在许多年轻驾驶员很迷信 GPS,由于 GPS 船位难以确认其可靠程度,所以有合适陆标定位时应选择雷达观测或目测陆标定位,GPS 校核其可靠程度,但使用 GPS 时要正确输入其天线高度,要选择与海图基准面一致的测地系或输入相应的修正值,对于后者常易被忽视,如采用东京测地系的船位与采用 WGS – 84 的船位相差达 3 链,这么长距离在某些锚地周围可带来上百米水深变化,所以一定要进行修正。

5. 开启测深仪。平常应经常开启测深仪以效验其准确程度及工作状况。抛锚前若测不到水深,不可轻易认为测深仪有故障,应考虑到水深达数百米时,一般船用测深仪会收不到回波,这时应采用测深锤测深加以确认。

6. 抛锚前若风流许可,应将船头对着浅水区抛锚,这样可避免锚机下水深比测深仪振荡器下水深深很多的状况。

7. 对水深有任何疑虑应果断采用深水抛锚法。当船对地余速很小时用锚机将锚松到水底,锚是否接触海底,最简单的判断方法是锚链松下时本是垂的,观察到其突然受某一方向的力向前或后一拽,则可判断锚到底,将锚链绞起数米,脱开离合器,抛下。

若误将锚抛入深水时,刹车不仅可能会冒烟,而且会冒火。这火可能是由于刹车带上有油污,也有可能是铜螺丝及刹车带内铜螺丝在刹车鼓轮上摩擦飞出的铜末,这时刹车还是尽量刹一刹,以防止锚链呈波浪状飞出,也可减少锚链松到尽头时锚根的受力,减少断锚的机会,但应注意的是锚机刹车受力过大有可能连根拔起,以及一旦断链后异物从锚链管内飞出伤人。

误将锚抛入深水后,锚机可能会由于过载而绞不起来,这时可采用以下几种方法:

1. 若水深超过锚链长度,可以将船驶到稍浅处,锚搁于海底就可将锚绞起一点,再驶到更浅处,又可绞起一点,直至顺利绞起为止,此法若不行可采取另外两种方法。

2. 用吊杆协助。吊货钢丝的一头接一卸扣,或者接一与起货机拉力相符的货钩,用导向滑车使吊货钢丝在锚链上方大致呈舷艉向,用卸扣接上(或用钩子钩住)上锚唇附近的锚链,借助吊杆拉力将锚绞起一点,卸扣(或钩子)到达链轮处则更换位置。具体操作时指挥员与吊杆操作员之间应加强协调。

3. 方法 2 绞进速度可能会较慢,一种较快的方法是退掉锚机一侧绞缆机滚筒

上的缆绳,用吊货钢丝在滚筒上反绕取而代之,将绞缆机与锚机离合器均合上,绞吊货钢丝时绞锚,则可很快将锚绞起。

当然一般情况下锚机的力量应能绞起悬垂一只锚加 3 节链,外力仅起协助作用,选择何种方法还需视具体情况而定。

（此文发表于《世界海运》1999 年第 3 期）

# 简易横倾角指示器的制作与应用 ▶

每艘海船都配有倾斜仪,用于观测船舶摇摆的角度,但太多大副有这样的体会:装货快结束,欲清除横倾,观察这种倾斜仪,会觉得它不灵敏,误差大,有时一度之内就看不出来了。下面介绍一种适用于装货的横倾角指示器的制作,制成后还有不少想不到的用处。

1. 简易横倾角指示器的制作

材料准备:铁钉一枚,长约 1 m 丝线一根,螺帽或坠子一枚,直尺,带函数功能计算器。

制作过程:将丝线连接坠物钉于墙上,铁钉至重物的丝线长度要大于 80 cm。选择船舶接近正浮。装货均匀时(减少船舶扭曲变形影响),且不在装卸货、不在抽排压载水时,观察船中两侧吃水。例如:L 轮 $d_{MP} = 7.43$ m,$d_{MS} = 6.92$ m,将此时丝线在墙上的位置描出来,查阅船舶资料,船宽为 18 m,则此时倾斜角的正切 $\tan\theta = (7.43 - 6.9)/18$,用函数计算器算得 $\theta = 1.62°$。

如图 15,从铁钉中心向下量 80 cm,计算得 $\alpha = 80 \times \sin\theta = 2.262$ cm。用直尺向反方向量取 2.262 cm,定出 0°位置。将 0°线在墙上画出,截取 80 cm 作水平线 $ll'$,分别计算出倾斜 1°,2°,3°,4°,5°时线与 $ll'$ 交点与 0°点的距离,即 $d = 80 \times \tan\theta$ 的关系(倾斜 1°时,$d_1 = 80 \times \tan1° = 1.396$ cm;倾斜 2°时,$d_2 = 2.794$ cm;倾斜 3°时,$d_3 = 4.193$ cm;倾斜 4°时,$d_4 = 5.594$ cm;倾斜 5°时,$d_5 = 6.999$ cm)。

**图 15　简易横倾角指示器制作示意图**

在 $ll'$ 上量取相应距离即可定出相应 $\theta$ 的度数,标在水平线 $ll'$ 上,并标出左倾还是右倾。要注意指示器挂于前墙和后墙,左、右倾指示恰好相反。

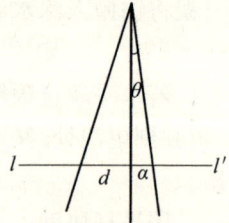

## 2. 应用之一:消除横倾角

例:原木运输船 L 轮装货快结束。尚余 100 t 原木未装,此时从简易横倾角指示器上读得船偏左 2.5°,当时船舶排水量为 10 500 t,*GM* 为 0.65 m,船宽 18 m。请问这 100 t 货大致如何分配可将船调平?(假定 *GM* 值不发生变化)。

可将部分待装货装于右侧舯部(重心距中线 4.5m 处)将船压平,再将剩余货装于船舯部保持正浮。根据公式

$$p \cdot y = \Delta \cdot GM \cdot \tan\theta$$

式中　　*p*——装货质量;

　　　　*y*——货物重心距中线距离;

　　　　*Δ*——排水量;

　　　　*θ*——横倾角。

则

$$p \cdot 4.5 = 10\ 500 \times 0.65 \times \tan 2.5°$$

解得 *p* = 66.2 t

实际操作中可将约 2/3 的货装于右侧,余下的货装于舯部即可消除横倾。当然通过这样的计算也同时校验了初稳性高度。

## 3. 应用之二:校核初稳性高度

校核初稳性高度有两种方法:一是摇摆试验(Rolling Test);二是倾斜试验(Incline Test)。后者主要用于测定新船的初稳性高度。前者则应用很广泛,几乎每一本稳性资料和每一本稳性计算书中都有摇摆周期与初稳性高度的关系叙述。在北美装运原木非要通过做摇摆试验校验妥初稳性高度,符合要求方可开航。做摇摆试验需要满足很多前提,最重要一点是不能有可变外力影响的自由摇摆。IMO(国际海事局)推荐的《船舶装运木材甲板货安全操作规则》(中国海事局译)附则三第 8 条就明确指出:在激荡水面所做摇摆试验得出的初稳性高度仅是非常近似的估算。所以,测摇摆周期求 *GM* 是有条件的。

开航前做摇摆试验是很不容易的,笔者曾服务过一条 2 万吨级的原木运输船,做试验时要二三个克令同时拎起二三十吨的重物,同时放下,反复多次后方能摇摆起来。有了横倾角指示器后,可通过做倾斜试验来校核初稳性高度。以 L 轮为例,某航次开航前船舶正浮,排水量 10 500 t,现第四舱左侧舱压入 40 t 压载水,船舶左倾 2°,求实际的 *GM* 值。已知第四压载舱中心距中线 6.25 m。

由公式

$$p \cdot y = \Delta \cdot GM \cdot \tan\theta$$

则

$$40 \times 6.25 = 10\ 500 \times GM \times \tan 2°$$

求得 $GM = 0.68$ m

通过查阅多种货运教材及《海船稳性规范》中的相关章节,可以认为此 $GM$ 值为消除了自由液面影响的 $GM$ 值。有调平舱或左、右日用淡水柜可调驳的船做此试验更加容易。

4. 应用之三:估算外档吃水

船舶进行水尺检量(Draft survey)时一定要仔细观察六面水尺,而且读数要精确到厘米(可参阅《航海技术》1998 第 6 期《水尺检量在原木运输中的应用》)。

许多小型船由于结构原因,船艏舡尾部弧度较大又没有专用硬梯子,要看六面水尺只有放软梯,很麻烦又不安全。许多情况读数不需要那么精确,比如加油时需要吃水差、估算装货量等,我们可利用横倾角指示器较准确地算出外档水尺。

以 L 轮某航次为例,左舷靠泊。首先读出左舷水尺:$d_{FP} = $ 6.30 m,$d_{MP} = 6.48$ m,$d_{AP} = 7.05$ m;船首右侧水尺可于船首看到 $d_{FS} = 6.33$ m,船右倾 1.6°,求右侧 $d_{MS}$,$d_{AS}$。查阅船舶资料:船宽 = 18 m(图 16)。

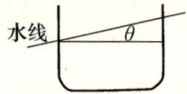

图 16 估算外档吃水示意图

$$d_{MS} = d_{MP} + B \times \tan\theta = 6.48 + 18 \times \tan 1.6° = 6.98 \text{ m}$$

查阅船舶资料中船尾水尺所在肋位的横剖面图,L 轮在 *Construction Profile and Deck Plan* 卷中,量出船尾水尺处船宽随吃水变化的不同数值,如表 9 所示。

经内插得 7.05 m 处船尾宽为 7.92 m,则

$$d_{AS} \approx d_{AP} + B_A \cdot \tan\theta = 7.05 + 7.92 \times \tan 1.6° = 7.27 \text{ m}$$

表 9 船尾水尺所在剖面不同吃水处的船宽

| 吃水 | 船舶水尺处船宽 |
| --- | --- |
| 4 m | 2 m |
| 5 m | 3 m |
| 6 m | 5 m |
| 7 m | 7.8 m |
| 8 m | 10.2 m |

实际观察吃水船中处较准,船尾吃水略偏小。本横倾角指示器是根据船中吃水制作的,船体扭曲变形因素未考虑进去。对于小型船装货较均匀时,扭曲变形不是很大,用于计算吃水差查存油量、估算装货量等方面误差应在许可范围之内。

(此文发表于《航海技术》2001 年第 2 期)

# 析吃水对量油的影响 ▶

【内容提要】船舶加油、起租或者还船时都需要准确量油，有时量油所得的油量与通过其他途径所得的油量差距甚大。此文分析了中拱与中垂、水尺艏艉垂线修正以及船舶扭曲变形对量油的影响，通过计算实例分析这些因素对量油造成的误差大小。

关键词：中拱　中垂　垂线修正

ABSTRACT：Vessel must sound to check the quantity of oil，when bunkering，delivery and redelivery before and after a period of charter，but the difference between the sounding，and by the other means made ship's engineers puzzled. This paper discussed the influence upon ship's hogging and sagging，fore and aft draft mark correction and ship's distortion. and also gave some example to interpret such influence.

Key Word：Hogging，Sagging，Draft mark correction

经常听到三轨抱怨加油船流量计所计数量与本船实际测量所得数量出入较大。经多方分析，我觉得有几方面因素容易被忽视，可能对量油产生一定影响。

1. 中拱中垂对量油的影响

以2.7万吨的圣文森特籍 HITEC 轮为例，该轮压载状态时一般中拱为8 cm。若读取的船舶吃水差为1.5 m，相对于某些不在船中的舱室，实际的液面倾斜角就不是吃水差为1.5 m时的倾斜角，理论上说还要加上该舱在船舶中拱或中垂弧线上的切线与艏艉水平连线夹角的修正量。但船舶中拱或中垂的弧线是十分复杂的曲线，随船舶各舱油水及货物的分布而变化，为易于理解可简化为直线(图17)。

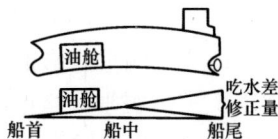

图17　中拱对油舱影响示意图

这样对于中拱状态的船来说，船中前的舱相当于吃水差减少了2倍的中拱值；船中后的舱相当于吃水差增加了2倍的中拱值。对于中垂状态正好相反。

例1：HITEC 轮某航次压载航行，吃水差为1.5 m，中拱为8 cm，量得 NO.2FOT 油深为1.10m，船舶无横倾，求考虑中拱影响的实际油量是多少立方米？

解：查油舱容积表得

| 测 深 ＼ 吃水差 | 1.0 m | 1.5 m | 2.0 m |
|---|---|---|---|
| 1.1 m | 411.3 m³ | 392.6 m³ | 373.9 m³ |

考虑到 No.2 舱位于船中以前,中拱对其影响相当于吃水差减少了 $2 \times 0.08 = 0.16$ m,应查 1.34 m 的吃水差,经内插得,存油 398.6 m³。与直接查表相差 6 m³。

一般认为,船舶拱垂变形值的正常范围为 $L_{BP}/1\,200$ 至 $L_{BP}/800$,对于两柱间长为 159 m 的 HITEC 轮来说,$L_{BP}/800 = 19.875 \approx 20$ cm。若某航次船舶中拱为 20 cm,则上例的吃水差应查 1.10 m,内插得存油为 407.6 m³,与直接查取相差 15 m³,达总量的 3.8%。

2. 水尺是否进行艏艉垂线修正对量油的影响

艏艉垂线修正是船舶装货进行水尺检量时才涉及的概念。船厂绘制油舱容积表时,其吃水差一般是根据艏艉柱吃水差进行绘制的,而不是直接读取的吃水差值,因为后者不确定因素很大。大多数船尾有两处以上水尺标记,吃水很小时标记在舵柱上,随着吃水增大,舵柱上无法标记了,移到前部,吃水再增大,又移到后部;现在的船艉水尺大多不可能标记在艉柱上了,所以必须进行修正。修正方法很简单,在装载手册(LOADING BOOKLET)里,有这方面的资料。有的船直接可查得修正值。有的船可查得吃水点到艏艉柱的距离,根据公式:

$$C_{F} = \frac{-tl_{F}}{L_{BP} - l_{F} - l_{A}} \qquad C_{A} = \frac{tl_{A}}{L_{BP} - l_{F} - l_{A}}$$

式中　$t$——垂线修正前的吃水差;

　　　$l_{F}$——艏吃水点至艏垂线间水平距离;

　　　$l_{A}$——艉吃水点至艉垂线间水平距离;

　　　$C_{F}$——艏垂线修正值;

　　　$C_{A}$——艉垂线修正值。

若吃水差以艉倾为正,则一般 $C_{F}$ 为负,$C_{A}$ 为正。

艏艉柱垂线修正对量油的影响有多大? 以 HITEC 轮为例:

例 2:某航次 HITFC 轮在新加坡加油,读得艏平均吃水为 3.0 m,艉平均吃水为 6.0 m,量得 NO.2FOT 油深为 1.10 m,求 NO.2FOT 存油量。

解:查油舱容积表得

| 测 深 ＼ 吃水差 | 2.5 m | 3.0 m | 3.5 m |
|---|---|---|---|
| 1.10 m | 355.2 m³ | 336.5 m³ | 317.8 m³ |

查阅船舶装载手册得：

$$C_F = -0.03 \text{ m}, C_A = 0.15 \text{ m}, D_{FP} = D_F + C_F = 3.0 - 0.03 = 2.97 \text{ m}。$$

$$D_{AP} = D_A + C_A = 6.0 + 0.15 = 6.15 \text{ m}$$

$$吃水差 = D_{AP} - D_{FP} = 3.17 \text{ m}$$

经内插得：存油量为330.1 m³，比直接查取少6.4 m³，达总量的1.9%。

3. 横倾对量油的影响

船上若有个可信度高的灵敏的横倾仪可能很有帮助，这个问题很容易解决，可参阅《航海技术》2001年第2期《简易横倾角指示器的制作与应用》，自做一个。但大多数船没有这样的横倾仪，而且横倾仪也解决不了船舶的扭曲变形，即船中部及前部的横倾角与艉部不一样。理论上这样的情况每时每刻都存在，大多数船只是在感觉横倾角大了时才修正一下，影响到底有多大？

例3：某航次 HITEC 轮在新加坡加油，看横倾仪，船舶稍稍向右横倾，量得NO.2FOT油深1.10 m，修正后的吃水差为1 m，求该舱油量？（读得船中左吃水9.85 m，右侧为10.18 m，NO.2FOT 位于船中部）

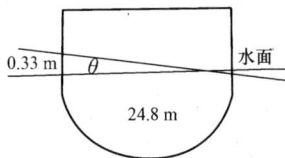

图18  两舷吃水与横倾角关系示意图

解：查阅船舶资料，HITEC 轮型宽为24.8 m，船舶吃水差 = 10.18 - 9.85 = 0.33 m。

如图18所示，船舶的横倾角 θ 的正切 $\tan\theta = 0.33/24.8$，算得 $\theta = 0.76°$，横倾不到1°，当然感觉不明显。

查横倾修正表得

| 测深 | 横倾角0.5° | 横倾角1° |
|------|-----------|----------|
| 1.10 m | -45 mm | -89 mm |

将0.76°内插得修正值为-68 mm，得出修正后的测深 = 1.10 - 0.068 = 1.032 m。

查容积表（表10），将1.032内插得：存油量为384.4，与不进行修正直接查取相差411.3 - 384.4 = 26.9 m³，达总量的7%，而这仅仅是横倾不足1°的修正值，横倾角再大若不进行修正，误差多大可以想象。

**表10  容积表**

| 测深 | 油量 | 吃水差 |
|------|------|--------|
| | | 1 m |
| 1.02 m | | 379.6 m³ |

表10（续）

| 油　　　量 | | 吃水差 |
| 测　深 | | 1 m |
| --- | --- | --- |
| 1.03 m | | 383.6 m³ |
| 1.04 m | | 387.5 m³ |
| 1.05 m | | 391.5 m³ |
| 1.06 m | | 395.4 m³ |
| 1.07 m | | 399.4 m³ |
| 1.08 m | | 403.4 m³ |
| 1.09 m | | 407.3 m³ |
| 1.10 m | | 411.3 m³ |

　　当然,实际工作中以上三者造成的影响可能不会这么大。比如:加油时对计算加油量产生直接影响的是加油前后吃水差的变化量,船艏艉垂线修正不修正对吃水差的变化量影响就不是那么明显:若仅仅是加油,船舶的中拱中垂以及船体扭曲变形也不会产生太大影响,所以计算某一舱的加油量,这些因素影响可能就不会那么大,因为加油前油舱总会有点存油,其实质还是计算加油前后的存油量差。但船舶要起租或还船,需要总的存油量时,这些因素就不能不考虑了。

（此文发表于《航海技术》2002 年第 1 期）

# 老龄灵便型散装船的装货及排水顺序初析 ▶

　　【内容提要】老龄灵便型散装船由于其结构特殊,装货时常不得不变更其排水顺序,装货顺序也不得不随之改变。此文探讨了该型船的装货顺序设计方法,既保证了排水速度和效率,又能尽可能抽空压载水多装货。文中还推荐了一种常用的水尺调整计算法,以供控制完货吃水差。

关键词:装货顺序　排水顺序　灵便型散装船

**Loading and debalast water sequence of aged convenient bulk carrier**

Abstract:Because of special construction of aged convenient bulk carrier,the deballast sequence should be adjusted, so the loading sequence must be adjusted. This paper discussed how to arrange the loading sequence, how to speed up deballast water and how to control the water can't he pumped out, this paper recommend a method for last trim before complete loading.

Key word：loading sequence， debalast water sequence， convenient bulk carrier.

## 1. 老龄灵便型散装船的特点和要求

（1）该型船大多没有管子弄，前部压载舱的管系从后面压载舱中穿过。最大的缺陷是压载管系脆弱，随时有破损的可能，某一压载舱的压载管一破，就很有可能会导致该舱的水排不出去，使残存压载水大大超过预计数量，导致装货数量不得不减少，甚至引起租船人索赔。另一缺陷是压载泵的排水速度比设计速度减慢，有的甚至只达到设计速度的一半或更少。

（2）装货中的注意事项及要求。为使得压载水尽可能快及干净地排出，可选择压载水从前向后依次抽空。这样容易保持吃水差，有利于加快排水速度及收干净压载水。而且前部压载船的压载管即便在后部压载舱内有小的破损，也能将前部压载舱内的水抽空。因为该破损处浸在水中，不至于对前部吸口处的吸力产生大的影响。由于排水顺序的改变，装货顺序时常不能按设计顺序装载而有必要调整，否则可能导致吃水过大而使船坐底。

灵便型散装船大多没有收舱泵。所以要将压载水抽得又快又干净，可在前一舱的水快抽空时提前将前一舱的阀关小，将下一舱的阀打开，用后一舱的水将前一舱的水带出。保持合适的吃水差对收干净压载水也十分重要，因为同样残存四五十厘米深的水，随着吃水差的不同，存水量从数吨到数十吨不等。

有 24 年船龄的圣文森特和格林纳丁斯籍 HITEC 轮共计 7 319 吨压载水（大舱不压水），排水控制得不好，残存水可达一千余吨，控制得好残存压载水可控制在数十吨。

（3）SOLAS 公约 1997/1998 修正版第十二章第 11 条第 1.2 款规定：长度为 150 m 及以上的散装船，必须在 1999 年 7 月 1 日前配备 IMO 认可的、可以提供船舶剪力和弯矩资料的配载仪。而灵便型散装船有的船长达不到 150 m，不一定强制配备配载仪，所以大副、船长的手工配载计算就比较烦琐了。

## 2. 设计装货顺序

认真阅读船舶装载手册，但由于排压载水顺序变化了，装货顺序一定要检查复核，不可迷信装载手册的装货顺序。

装货前对码头水深要了解，并且留有一定的安全余量。装货可以从船中所在的舱开始。通常每一轮的最后一个舱可选在船中前一个舱，艏艉舱留约 4% 的货，用于调整水尺。为何调整水尺的货留得这么多？因为残存水可能会比预计多一

些,导致退货。另外,残存水过多会使得吃水差难以调整。

设计装货顺序必须每装一个舱都进行计算。有的船有配载仪,算起来不烦琐,而且船舶静水切力与弯矩是否超限也很容易得出。若没有配载仪,装货顺序调整又很大,静水切力与弯矩一定要核算,计算过程可能会较烦琐,特别是装货过程中的几个典型状态,例如:第一轮第一个舱的贷装下去后,第二轮最后一个舱未装时,一般情况船舶在港内的静水弯矩许可值是海上许可值的两倍。

靠泊前可将部分压载水排掉,但不可排得过多,因为吃水过小,靠泊会增加困难,甚至导致引航员拒绝登船。以HITEC 轮某航次计划装 25 700 t 煤为例,装货速度为 2 000 t/h,压载泵排水速度为200 t/h,码头水深 13 m,靠泊前已将高边柜的水排空,存水及预配如图19 所示,压载水分布如表11 所示。

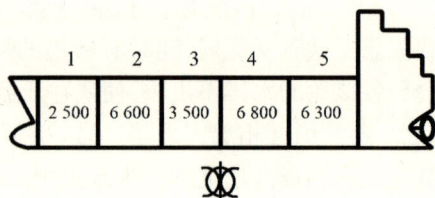

图 19　存水及预配图

表 11　压载水分布表

| 艏尖舱 | NO.1 | NO.2 | NO.3 | NO.4 | NO.5 | 艉尖舱 |
|---|---|---|---|---|---|---|
| 620 | 420 | 750 | 430 | 860 | 760 | 320 |

设计的装货及排水顺序如表12、表13 所示。

表 12　第一轮装货及排水顺序表

| NO. | 装货 | 排水 | $D_F$/m | $D_A$/m | t/m |
|---|---|---|---|---|---|
| 1.1 | NO.4 舱装 3 400 t | 艏尖舱排 340 t | 2.248 | 7.730 | 5.481 |
| 1.2 | NO.2 舱装 3 300 t | 艏尖舱排 280 t<br>NO.1WBT 排 50 t | 4.661 | 5.810 | 2.297 |
| 1.3 | NO.1 舱装 1 000 t | NO.1 WBT 排 100 t | 5.739 | 6.360 | 0.621 |
| 1.4 | NO.5 舱装 3 000 t | NO.1 WBT 排 270 t<br>NO.2WBT 排 30 t | 4.507 | 9.279 | 4.772 |
| 1.5 | NO.3 舱装 1 700 t | NO.2WBT 排 170 t | 5.255 | 9.390 | 4.135 |

第一轮结束后，必须等 9 个小时排水，这时要抽空艉尖舱，因为艉尖舱是独立管系，对别的舱排水没有影响，而且艉尖舱的水可起到引航作用，用于收尽前部压载舱的水。抽到 NO.4WBT 余 570 t，仅余 NO.5WBT 未排时开始第二轮装货。

表 13　第二轮装货及排水顺序表

| NO. | 装货 | 排水 | $D_F/m$ | $D_A/m$ | $t/m$ |
|---|---|---|---|---|---|
| 2.1 | NO.4 舱装 3 400 t | NO.4WBT 排 340 t | 5.336 | 10.149 | 4.813 |
| 2.2 | NO.2 舱装 3 300 t | NO.4WBT 排 230 t<br>NO.5WBT 排 100 t | 8.160 | 8.987 | 0.828 |
| 2.3 | NO.1 舱装 1 000 t | NO.5WBT 排 100 t | 9.331 | 8.341 | -0.99 |
| 2.4 | NO.5 舱装 2 800 t | NO.5WBT 排 280 t | 8.787 | 10.275 | 1.488 |
| 2.5 | NO.3 舱装 1 800 t | NO.2WBT 排 180 t | 9.756 | 10.228 | 0.472 |

整个装货过程仅第二轮装第一舱时出现短时艏倾，其余时间均保持较大吃水差，船尾吃水最大仅 10.275 m，远小于码头水深 13 m，所以即便装货数量及排水速度与计划有小的差别，也不至于构成对船舶的危险。当然，整个过程必须时常检查吃水，以防某舱实际装货量与配载图相去甚远导致船舶触底。

经检验整个装货过程船舶的静水切力及静水弯矩均符合要求，所以该装货顺序是可行的。

手工计算静水切力及静水弯矩是较烦琐的，但船舶大副必须掌握如何计算，即使有配载仪也要掌握，因为一旦配载仪出了故障算不起来可不行。计算方法并不复杂，根据船上的 Loading manual 提供的方法计算即可。

3. 水尺的调整

散装船的大副必须能够快速而熟练地查阅百米吃水变化表进行水尺调整计算。

常用的计算方法可参考下例：

例：HITEC 轮第二轮装货结束，读取水尺尚可再装 1 000 t，当时吃水差为 0.51 m，求欲使吃水差为 0.20 m，1 000 t 货在第一、第五舱应如何分配？

解：设第一舱装 $X$ 吨，则第五舱装 $(1 000 - X)$ 吨。

查百吨吃水变化表（Trim table）得

| NO.1 舱 | | NO.5 | |
|---|---|---|---|
| $\Delta d_{F1}$ | $\Delta d_{A1}$ | $\Delta d_{F5}$ | $\Delta d_{A5}$ |
| 11.1 | $-5.2$ | $-1.9$ | 7.3 |

欲获得的吃水差 $-$ 当前吃水差 $=$

$$\frac{X}{100} \times (\Delta d_{A1} - \Delta d_{F1}) + \frac{1\ 000 - X}{100} \times (\Delta d_{A5} - \Delta d_{F5})$$

$$20 - 51 = \frac{X}{100} \times (-5.2 - 11.1) + \frac{1\ 000 - X}{100} \times (7.3 + 1.9)$$

解得:$X = 482$ t

所以,NO.1 舱装 482 t,NO.5 舱装 518 t 即可获得所需的吃水差。

(此文发表于《航海技术》2002 年第 6 期)

# 海员权益是海洋强国绕不过的话题 ▶

——访"2014 年最受航运界关注的 100 位中国人榜单"之薛迎春船长

编者按:在"2014 年最受航运界关注的 100 位中国人榜单"中,有一位叫薛迎春的船长广为行业关注。这位从 2001 年起就开始从事散杂货租船运输的船长,持续通过微博向业内呼吁政府转变职能,畅聊中国航运的发展。2014 年 10 月底,中国海事局局长陈爱平亲自与薛船长进行座谈,并表示港口理货费用等突出问题即将得到改善。就薛船长在实际工作中的经验以及当前有关海员权益的焦点问题,《世界海运》记者特别对薛船长进行了采访。

记者:薛船长,您好! 有人说您在 2014 年彻底火了,一纸《万言书》引来无数人点赞。我想,这可能是由两方面原因造成的:一是您对航运业现存问题鞭辟入里的分析引发了共鸣,二是我国航运业发展中的某些问题本身确实备受关注。比如,今年 1 月 21 日,青岛电视台新闻节目报道了某航运公司近一年来拖欠船员工资上千万的事实,甚至有人对此表现出"现在航运市场很差,发不出工资的现象一点都不奇怪"的淡漠。其实,目前我国海员权益保障方面存在的一些问题,已经影响到了行业的发展与海员队伍的稳定。海员队伍是海运业可持续发展的重要保障,是建设海洋强国的基础力量和具有战略意义的第一资源。没有稳定的海员队伍和广大海员的服务与奉献,建设"海洋强国"和打造"21世纪海上丝绸之路"将无从谈起。下面,请薛船长谈一下影响当前我国海员队伍稳定的因素有哪些?

薛船长:其实,这个问题很早就引起了业内人士的重视。一份有尊严且体面的工作是不会产生员工队伍稳定问题的。

我的老东家南京远洋把马斯洛需求层次理论作为公司的标志。而一百多年来,中国海员地位却有持续下降的趋势,也就是说,尊重的需求是未能得到有效满足的。2006年"哥德堡"号船到上海访问时,我去参观过。两百多年前,这条1 000多吨的大帆船维系着一个城市的兴衰。从《十三行故事》中我们知道,一百多年前,垄断全国海上贸易的广州十三行,很多年景一年的贸易量也仅是二十几条1 000吨左右的大帆船,却决定着小半个中国的经济命脉,甚至影响着中国革命的走向。几十年前,我爷爷在长江里开帆船,载重仅几十吨的帆船,做老大时一个月能拿到12块大洋。2001年我做船长时,一个月薪水约11 000元,然而那时上海、南京很好路段的房价也仅3 000元左右,基本上做一年可以买一套房子。

如今发达国家依然有很多年轻人做海员,而在我们国家,海员要想成为一份有尊严和体面的职业尚有很多工作要做。从目前海员工资状况来看,管理级海员与操作级海员薪资差距太大,船长、轮机长的工作有尊严且体面,但是水手们的处境也仅是脱离温饱。试想,读完大学工作三四年做了二副、三副却拿着不高的薪水,又正值恋爱、择偶的年龄,面对动辄数万元一平方米的房价,尊严与体面从何谈起?

优秀的技术工人是国家宝贵的人才,十多年前我就意识到这个问题的严重性。优秀水手、机工的短缺对海运安全、发展的制约不容小觑。社会上特别是五六十岁的人,对做工人比较轻视,在望子成龙的追求中忽视了优秀技工也是人才,哪怕是家政、快递员的工资超过很多办公室白领,也还是没能让他们把观念转变过来。对于企业来说,配员上相对容易,也导致了对水手和机工的轻视。但我见过有船东将全套班子由中国海员换成菲律宾海员,主要原因还是缺乏优秀水手。比如重吊船,需要水手操吊、保养以及绑扎,中国水手闯了祸,导致多次巨款赔偿,所以换菲律宾海员是无奈之举。话又说回来,面对和快递员差不多的薪水,如何能留住优秀水手呢?要想成长为优秀技术工人不仅需要学校培训,更多的是需要企业培养。国家着力加大职业教育投入没错,但是对企业培训的扶持是缺失的。

至于拖欠船员工资,其实不该发生。法律上该怎么做,是有定论的。对于无力偿付的企业,该破产的破产,该拍卖的拍卖。企业之间的竞争有时是你死我活的,劣质公司破产对于行业内的好公司是有利的,对提升行业竞争力也是有利的,甚至对债务人也是有利的。要避免由于尝试挽救回天乏术的企业而采用合法的,甚至

非法的手段,陷己、陷人于不利。

记者:海员队伍的不稳定,尤其是一些航海院校毕业的年轻人在工作几年之后选择离开船舶所导致的航运人才流失和航海教育资源浪费,给船舶的水上交通安全和船舶公司的经营管理带来隐忧,更加不利于我国海运强国、海洋强国战略的实施。请问薛船长,稳定海员队伍的关键是什么?

薛船长:尽管我的同学很多在8 000箱位、海岬型、VLCC上做船长,但是中国几乎所有万箱以上的船,相当部分VLCC、LNG及所有40万吨的VALEMAX船全部是外籍船员。中国半潜船之所以还不算弱,很大程度上也是大连海事大学1987届那一批人功不可没。从1987届石文河处再次确认可知,最早的船长、轮机长、业务员、港口船长都是他们,现在购买、建造半潜船的很多还是他们,他们带出的徒弟现在活跃在半潜船第一线。

2014年1月军方高级将领访问14 000箱位的"CSCL VENUS"轮,中国人的船雇佣的是乌克兰船长。据说新下水的19 000箱位的"中海环球"号船首航强行配备中国籍海员,胡月祥船长微博用了一句话"为中海集运中海环球轮顺利抵达英国菲利克斯托而庆幸",想必这背后有什么故事。航运是成熟的工业,庆幸是不可持久的,愿他们能总结经验教训,让船舶营运正常、顺利,并且可复制、可推广。

航海专业的学生不愿意上船是发达国家和地区的通病。日本也有这个问题,一个班仅几个人上船,还是做港口拖轮的,我国台湾省海洋大学也是如此。据我了解,国家对航海本科教育投入巨额经费,然而航海专业本科毕业生五年在船率很低。九十多年前,陈嘉庚就要求报考航海的学生"如志愿未坚,半途中辍者,幸勿来校",这不管是对学校人才培养还是对个人职业规划都是一个告诫。相比之下,专科学校的学生更愿意从事航海事业,那么,国家是否应该提倡发展航海专业的职业教育,并且加大对专科生的补助力度呢,这同时也能拓宽航海类本科院校多层次人才培养的办学思路。其实,即使是航运业中的高端管理人才,也有很多是经过十余年苦拼与学习做到船长之后走上高端管理岗位的,尊重这一事实,是有效解决问题需要迈开的第一步。

北京鑫裕盛的王吉宣就提出来,应模仿先进国家模式,通过税收或者其他优惠,让每条船留1~2个实习位置,学一段时间航海后,上船做一段时间。如果有志于从事海员职业,那就继续学习考证;不愿意做的,则改学其他专业。把财政拨款的一部分留给企业,这样会更高效,更经济。

所以说,发掘出真正对航海热爱的人,才能从根源上提高我国海员队伍的稳定性。孔子说:"知之者不如好之者,好之者不如乐之者",兴趣是人生最好的导师。我们不能用老眼光看待年轻人,他们的想法与需求随着社会的发展有了很大变化,年轻人的成长不是我们逼出来的,年轻人的选择也不是我们能给设计出来的。

那么,怎样才能使年轻人对海员职业产生兴趣呢?我想,除了禀赋上对航海的天然热爱,更多还在于社会环境的影响,尤其是社会对这个职业的认同与尊重。其实在欧洲和日本,海员地位一点也不低,并非仅仅因为海员有一份不错的薪水。他们的海员人数很少,但是很多有海员经历的人从事着很高职位的管理工作。像罗马尼亚现任总统就是塞斯库船长,北洋政府总统黎元洪就曾任职二管轮,萨镇冰与杜锡圭两位代总理都是舰长出身。有了这些从高贵向尊贵转型的人,海员地位怎能不高?若现今航运业界不以船长资历为荣,何谈提高海员地位呢?太多央企航运公司的总经理,若没有船长经历,不大可能做到那么高的管理岗位,然而他们大多不以曾是船长为荣。对船长角色自我认同的偏差,是谁之过?

当今我国台湾省与我国香港特别行政区海运业的差距就是我国台湾省曾有过更多的海员队伍,而我国香港特别行政区更多是雇佣菲律宾、内地海员。正因为我国台湾省有很多有海员经历的人,才会更专业地去买船、造船、营运船。比如第一家在伦敦上市的华人公司——我国台湾省慧洋海运公司总经理郑俊声先生就是有着很多年船长经历的专业人士。当今大陆情况亦然,很多有着海员经历的人正在推动行业的发展。然而我国集装箱船队、散货船队、油轮船队、特种船队在国际上日渐式微,这与我国海员人才匮乏呈正相关性。海员人才匮乏,同时也制约着相关船队的发展。

记者:那么,近几年来,我国在维护海员权益方面都做了哪些改革和努力,取得了哪些成效和进展?在海员权益保护方面尚存在哪些软肋?

薛船长:我国在这个问题上,近两年所取得的进步有目共睹。特别是最近取消出境证明,海员证放开个人办理都是很了不起的进步。海事局强势介入海员欠薪问题,对维护海员权益起着非常大的作用。1998年亚洲金融危机时欠薪非常多,海员维权十分困难。现今亚丁湾海军护航,我国海员在国外能获得领事保护都是海员权益方面取得的进步。

当然,还有很多亟待改进之处,尤其是直接影响到海员尊严的问题更是如箭在弦。比如反对声最为强烈的海员两次体检问题,我在这里就不赘述了,我要谈另外几个短板和缺位。

女友登轮,边防卡着不让;家属随船,办理起来难度相当大。这时在女友和家人面前说做海员多么光荣,有说服力吗?这其实涉及的是社会对海员职业的人文关怀,尤其是对海员心灵、精神和情感关注的缺位。一个女孩若没见过海员的工作环境,你自称多么伟大,告诉她"若没有海员的贡献,世界上将有一半人受冻,一半人挨饿"等说辞是多么空洞!

船上伙食供应面对着层层吃拿卡要。淡水供应更是成为鸡肋,码头都不愿意做。最近看到有发文,但没硬性规定,码头还是回到重生产、轻生活的老路上。海

员总体人数庞大,但铁打的码头,流水的船员,海员工会又没完全发挥作用,所以海员队伍一直处于弱势地位。

海员个税与社保问题也一定程度阻碍了海员队伍的发展。很多人只看到船长工资4万元,没看到船长在家只有400元,至于公司付出了14 000元,员工名义工资1万元,实际到手7 000元的数字游戏并无意义。船东都很注重人力成本的总付出,总付出一高,就另择菲律宾、乌克兰、波兰海员了,导致海员劳务之路越走越窄。中国海员没机会到欧美发达国家船上工作,也就缺乏接受人家先进管理理念、先进技术的机会,继而影响岸基高级管理人员素质,影响整个航运业,绝不可等闲视之。

依法纳税是每个公民应尽的义务,然而2006年普通公民个税起征点是1 600元时,海员个税起征点是4 800元,2011年普通公民个税起征点变更为3 500元时,海员起征点依旧不变。国际上主要海运国家对海员个税都有十分优惠的税收政策,甚至满足一定条件给予免税,我国关于海员免征个税的呼吁已经很多年了,现依然在商榷之中。

现在海员人身伤亡赔偿越来越接近200万元,一条船以20人计,合计是4 000万元,约600多万美元,超过大多船的自身价值。尽管海员有多重保障,比如船东保赔协会的人身伤害赔偿、船员参加的社保。若没有船东或者劳务公司另买的商业意外险,常会赔偿不足。然而目前社保缴费不够合理已成为劳务公司不可承受之重,以海员为职业的商业意外险保费高昂,50万元保额就达每人4 000元左右一年。在航运业如此低迷现况之下,这无疑是企业难以承受之重。在现今救助机制完善、海员基数庞大的现状下,扣除已由船东保赔协会承担的风险,在降低人身死亡保费费率方面应大有可为。

记者:您刚才从海事管理、海员个税负担沉重、社保缴费不够合理等方面对上述问题做了分析。那您认为现在亟待打破哪些禁锢来切实保障我国海员的权益?并请薛船长分别从国家、航运企业、船东协会等各个层面来谈一下,如何推动我国海员队伍的健康、可持续发展。

薛船长:我讲个很值得钦佩的人,他叫杨用霖,是镇远舰副管驾,林泰曾殉国后他任镇远舰管带。2000年,在中国购入现代级驱逐舰之前,一百多年来镇远、定远一直是中国历史上最大的军舰。很早时琅威理赞誉杨用霖将来可成为亚洲的纳尔逊,严复称他日后必为海军名将(见姜鸣的《龙旗飘扬的舰队》)。然而他是北洋海军中唯一未经正规培养而从基层奋斗、一步步成长起来的高级军官。这对我国进行航海人才培养应该有所启示。

航海科班教育与实务中学习晋升一直是两条平行的方式,从基层向上的通路一定要畅通。我见过不少高中毕业的劳务工成长为优秀远洋船长的例子,在工作中学习是很好的学习方式,国家、海运院校、航运企业若能从中提供指导与帮助,会使他们更优秀。因为有未来,有前途,才会使得有志于航海的水手们更能扎实工作。

海员自由流动是把双刃剑,一方面维护了海员权益,另一方面也使得企业不愿为海员的成长、教育投入。三副、大副的资格考试只是入门的资格要求,离成长为优秀三副、大副、船长还有很长的路要走。这部分培训应由企业来完成。过去远洋公司是很注重培训的,对于水手长、机工长,是一定会办培训班强化培训的,将晋升的海员,换到先进船上跟师傅学习。再就是非考证海员再培训,日本海员工会利用会费就办了这样的培训。中国收取的船舶吨税(本质是灯塔税)与巨额港建费能否拨出部分用于海员的非考证再培训呢?

提升海员地位最简捷的方法就是给予海员特权,过去海员是有很多特权的,比如:海员属于为数不多的有制服"大盖帽"的行业,有免税指标,等等;不少高干子弟也从事着海员职业。今天若要给予特权也有很多可行方法,比如留学生满足一定条件都可以购买免税轿车,为什么海员不可以呢?管理级海员全国放开落户,包括北上广;引航员的职位专门留给船长,等等。

至于亟待打破哪些禁锢来切实保障我国海员权益这个问题,我认为在中国,愿意为海员权益奔走的人是不少的,但是已有了海员工会,就没有第二家海员公益组织,这个禁锢不打破,海员是弱势群体的现状就难有改观。

记者:其实,截至2014年底,全国注册海员人数超过60万人,位居全球之首,是一个名副其实的海员大国。但您在博客中提到,我国目前低级海员短缺严重。单单从直观上来看,由于这些年航运业处于低迷状态,我国低级海员数量应该是供大于求的。那么,您认为低级海员短缺是什么原因造成的?应如何理性面对低级海员的短缺问题,解决的途径在哪里?

薛船长:前面我说过,60万海员不是个确数,是持船员服务簿的人数。实际仍在第一线服务的远远不到60万。普通海员短缺是不容回避的问题,也未得到重视。

首先,短缺是刚性的。据《大国空巢》里的数据,中国2000年0岁人口是1 379万,然而可预计的大学招生是700多万,只余600多万人是非大学生。去掉一半的女孩子,还要去掉一大半从事制造业、服务业的工人,以及照顾多出几倍的老人的年轻人,能做海员的又有几人?当然是包括老少边穷地区的年轻人。

其次,航海文化严重滞后,甚至我们下一代人,远远比不过我们这一代人。不要说内陆地区,就是沿海城市提起海员也往往是罕见所及。曾有小朋友想上船参观,就我知道,目前的管制手段基本就是禁止,这如何才能培养开放性、进取性、视野开拓、富于自信的海洋文化呢?小学教育中若不融入航海文化,民族心理上从内陆文化转变为海洋文化何其艰难?

那么基于现状,如何解决呢？一是引入外籍劳工成为必然之选。中国的移民政策无疑是世界上最严苛的,国内所有行业基本不可能引入,但是中国的船东很多挂方便旗,在不触及现有体制下,有机会批量引入外籍普通海员。我也向海事局提出建议,要加强、鼓励对外籍普通海员的引进、走出、培训和发证。二是应建立顺畅的企业实习制度。现在海事局把海员晋升实习是转移到企业身上的,然而在缺乏契约精神的大环境下,有些海员不免会在这家公司实习,但又不愿意为其服务;而企业积极性也不高,都愿用熟手,但谁都有从生手到熟手的过程。

记者:海员是国际公认的高风险职业。不仅如此,由于船舶正在逐渐向大型化、信息化、快速化发展,对于海员技术水平的标准也在迅速提高。他们还要不断适应港口国、企业、船东、中介公司、货主不断提出的高要求;要忍受信息不畅的闭塞环境;要面临不同语言、文化、法律等差异带来的困扰,要处理各种复杂的关系。可以说,这是一个对心理素质、身体素质、意志品质、职业道德、业务素质、职业技能的要求都非常高的群体。对于这个群体的尊重和重视程度决定了我国海洋强国、海运强国战略实施的进程和质量,而受益于海员劳动成果的整个社会也都应该对这个勇敢、有担当的群体给予应有的关注。

薛船长:海运是非常传统与成熟的工业,成熟到海员简直成了这个工业大机器上的一颗螺丝钉。但我们社会不能这样看待海员,他们都是有血有肉的人,20世纪80年代我国台湾省有1%的男人从事海员职业,很多脍炙人口的歌曲是伴随我们成长的,比如《哭沙》《海韵》《水手》,乃至《外婆的澎湖湾》。随着经济的发展,目前我国台湾省只剩4 000多海员,基本都是老人,甚至还修改法律,去掉船长的任职年龄限制。这固然是地区发展的表现,但也暴露了在船舶管理、租船、海事处理等方面的短板,没上过几天船的工程师做机务,在指导着轮机长的工作,常常简单的事情复杂化。所以,我们要遵循客观事物发展规律来认识海员职业,给予海员队伍应有的关注和尊重,切实维护海员的合法权益。否则建设"海洋强国"和打造"21世纪海上丝绸之路"将无从谈起。

记者:我们相信,有了您以及像您一样的有识之士为我国海员呐喊和鼓劲,这个群体将会更好地担当起海运强国、海洋强国的重任,也才会更好地为中国的海洋安全、经贸安全做出更大的贡献。

感谢薛船长接受本刊的专访！

(本文发表于《世界海运》2015年第4期)

# 谈船上卷钢与钢板的衬垫 ▶

摘要:中国港口装载卷钢及钢板经常会由于铺垫问题在租船人与原船东/船长之间产生冲突,有时是船东/船长提出超出正常范围的要求,有时是租船人不适当地节省垫料、降低成本造成海上货物移动。更为重要的是,大多数情况下钢板出厂时并未打捆,按公约要求应层层垫,实务中难以操作,然而若违反公约规定将会给钢厂带来很大风险。本文收集了不同知名保赔协会、船级社的处理经验,对其加以分析,提出卷钢与钢板的衬垫方法。

Abstract:During loading steel coils and steel plates in Chinese ports,there are dispute between time charter and head owner/master frequently for cargo dunnage,some ship owner's request obviously exceed normal requirement,some charter improper save dunnage to minimize cost which may cause cargo moving at sea,it is very important,most of lose steel plate didn't bundle up at steel mills,which will made difficult dunnage,but if not dunnage tier by tier may breach CSSCODE,made big potential risk to steel mills. This paper collect and analyses many first class PNI and ship class's safe practice,raise how to dunnage for steel coils and steel plates.

关键词:堆积载荷(Stack Load);集中载荷(Point Load);衬垫(Dunnage);投影法(Shadow Area Method)

钢材的衬垫容易被各方忽视,经验方法在海运实务中尤为重要。从实践中总结规律对保证安全、充分利用载货能力有很大帮助。

1. 卷钢的衬垫要求

(1)《货物积载与系固安全操作规则》(*Code of Safe Practice for Cargo Stowage and Securing*,以下简称"CSS 规则")附则6:卷钢应在横向放置的垫木上积载,卷钢应使轴线在纵向积载,每卷应紧靠另一卷。在装卸时要防止移动,必要时应使用楔子。

"CSS 规则"列入经修正的 SOLAS 公约后,由建议性规则变为强制性规则,必须严格遵守。

(2)*Thomas Stowage* 的要求:卷钢要装在足够数量木板排成的线上,通常要2～3排木板。卷钢的中心要与艏艉线一致。积载从船的一侧开始向舱的中间延伸,

注意卷钢下面要放置至少两个楔子以抵住卷钢,一定要指向船舷侧。[①]

(3)由徐邦祯教授主编的《船舶货运》(以下简称教材)对卷钢衬垫描述得很详细:垫木一定要用硬杂木(果木、杂木等),规格不得小于 50 mm × 100 mm × 1.5 m。若拟装钢卷的质量较重,可铺 2 层垫木。对于纵向装载的卷钢,第 1 层横向铺放;若有 2 层垫木,则第 1 层衬垫板纵向铺放,第 2 层衬垫横向铺放。对于横向装载的钢卷,衬垫板的铺放方向与前者相反。

教材在保证船舶局部强度的论述中还提及了按集中载荷计算最小衬垫应跨的骨材数的计算方法。[②]

无疑上述三个权威资料对卷钢的铺垫要求不一致,实务中的混乱主要表现在以下几个方面:

(1)卷钢装载时,一排没装满,也就没有锁定卷,尽管绑扎时五花大绑,可能到卸货港卷钢还是变成发条。

(2)二层柜装卷钢,将二层柜压塌之事不胜枚举,SKULD 保赔协会就明确禁止二层柜装不带托盘的卷钢。[③]

(3)某大船东对卷钢衬垫要求苛刻,甚至因衬垫问题放弃装卷钢的业务。直到看到该公司人员撰文论述装卷钢垫木计算的论文,[④]我才明白误解有多深。这是促使笔者撰写本文的原因。

(4)衬垫方法无法说服船长及检验师,导致大量甩货或者垫料成倍增加。有经验的租船人租船时,会问清楚舱底负荷以及能装重卷的层数。

(5)卷钢是禁止卷心横向装载的,教材中提及“横向装载的卷钢”的字样明显与“CSS 规则”附则 6 相冲突,会给经验不足的船员造成困扰。

2. 实务中的卷钢的装载与铺垫

(1)几个强度概念

堆积载荷(Stack Load)强度主要用于集装箱船每一底座上所能允许承受的最大负荷,单位是质量单位吨。

集中载荷(Point Load)的单位也是质量单位吨,载荷集中作用在一个较小的特定面积上,特定面积是指该区域下的承重构件施加集中压力的骨材之间的面积。笔者翻阅各种造船规范,集中载荷主要用于船舶机械的放置、内河或者小船的建造,一般远洋船的货舱很难找到相关资料,除非是可用于装载集装箱的多用途船,那也可理解为堆积载荷强度。

---

① *THOMAS STWAGE*,第三版,第 66 至 67 页

② 大连海事大学出版社,2011 年 3 月第一版,《船舶货运》,第 297 页,第 326 页

③ SKULD 保赔协会,*Carriage of Steel Cargoes*,第二部分

④ 《航海技术》2014 年第一期,米铁武、齐立平《船舶装运卷钢等重件所需垫木的计算和应用》

常见的局部强度是以压强为单位,又分为均质货强度(Homogeneous load,又称均布载荷,Uniform load)和局部载荷强度(Local Load)。如果装载手册里有局部载荷强度,非满舱装卷钢时可采用该强度,否则应用均布载荷强度。两者差别有的船达一倍。

(2)老船强度是否有下降?

教材提及"老旧船舶,船体强力构件因锈蚀而使强度降低,因此,应适当降低船舶资料中所列出的许用负荷量,其减小量应根据船舶强力构件锈蚀的程度来确定",笔者认为对小船,沿海、内河船提请船员注意是可行的,对国际航行的船,则容易引起争议。

SKULD 保赔协会认为舱底强度的极限数值由建造商提供,并由船级社认可。该数字一般在船舶的生命周期内保持不变。[1]

国际航行的船大多有国际船级社协会(IACS)的船级,对老旧船检验非常严格,构件锈蚀超过一定范围会要求船东更换,构件锈蚀引起的强度减小量不会很大。

(3)接触面积还是投影面积?

若教条地按接触面积算舱底强度,那船的舱底甚至不能装下一支立起的钢笔。实务中,大多采用投影法。

然而投影法可能会遭到船东的拒绝,也的确有船发生过问题。如 DNV 船级社2010 年 6 月 5 ~ 10 日的事故信息[2]中就披露了散装船偶尔装卷钢造成的舱底结构损坏的事故。

原因也很简单,卷钢落点没有落在舱底纵骨上,见图20、图21。

这样的装载方式很常见,内底纵骨之间或者内底纵骨与桁材之间的距离一般不超过 1 m。对于纵骨架式结构,船底纵桁间距不超过 3.5 m(中桁材)。相邻桁材的间距一般应不小于 4.6 m,或者不小于船底或内底普通扶强材的间距的 5 倍,取较小者。实肋板的间距应不大于 3.5 m 或 4 个肋骨间距,取小者。[3] 一般船的肋距为 0.7 m,4 个肋距约 2.8 m,所以双层底的骨架形状接近于 0.9 m × 2.8 m 的方格子,而件重超过 8 t 的卷钢直径基本都在一米以上,所以卷钢没有落在内底纵骨或者桁材上是常态。卷钢的质量作用在内底板上,通过双层底系统传递出去。所以舱底强度一般是以压强单位来表示。

(4)日本保赔协会(JAPAN P&I CLUB)对卷钢装载要求的简介[4]

---

① SKULD, *Carriage of Stell Cargoes*, Part 2: Cargo Care Section 1—LOADING AND STOWAGE

② Information from DNV to the maritime industry NO. 5 – 10 June 2010

③ 《散货船共同结构规范》,中国船级社译,2006 年,第 55 页,第 248 页

④ JAPAN, *P &I Loss Prevention Bulletin*,2011 年 3 月,第 20 期

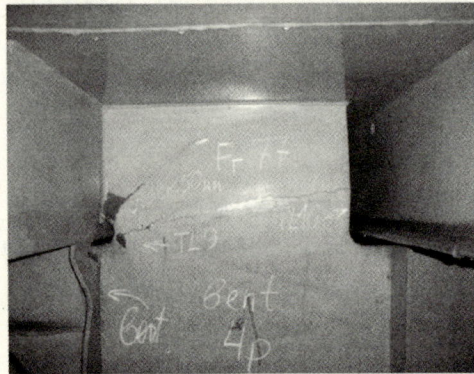

**图20 底板塌陷及肋板弯曲**

注:摄于舱底板下,关于底板塌陷及肋板弯曲;

左侧纵骨超负荷严重,然而右侧看起来没受影响

未装货的纵骨　　装货的纵骨

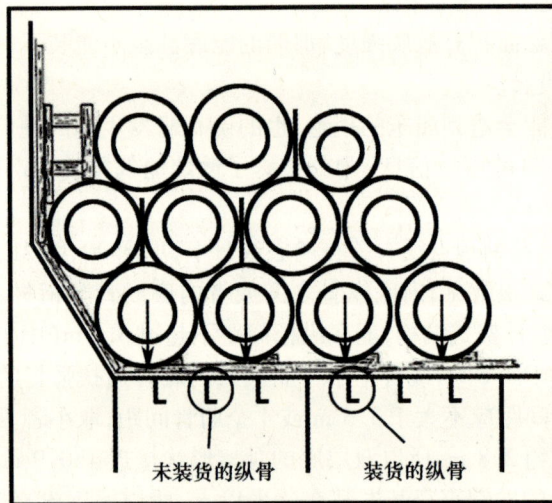

**图21 典型卷钢装载示意图**

注:表明卷钢为什么作用在一些装载点的负荷大于另一些点

散装船舱底负荷会从 15 t/m$^2$ 到 25 t/m$^2$,甚至更高。舱底负荷的计算应用均布载荷,装载时,部分舱底板承受了卷钢的质量,可能会超过设计的最大许可负荷。比如装重 25 t、直径 1.5 m 的卷钢,接触到的舱底仅有 0.2 m 宽,总计接触面积仅 0.3 m$^2$,那么小的舱底承受压强大约是 83 t/m$^2$,远远超过任何散装船的最大允许

的强度。尽管点负荷超过了,但一个卷钢不会造成结构损伤,因为质量通过舱底板传递到双层底结构中去了。

垫木要横向铺放,通常情况下三条线。

计算卷钢装载层数时,最简单的方法是保证底层一排卷钢每个承受总的质量不超过 30 t,那 10 t 的卷钢可以装 3 个高,超过 10 t 不到 15 t 的卷钢可装 2 个高,但超过 15 t 的卷钢只能装 1 个高了。这种方法可用于舱底强度未知或者设想其很低的船。

如果已知舱底的最大允许强度,可用一个经验方法:组成底层卷钢的每件合计承重不超过舱底板最大允许强度的三倍。如最大允许 18 t/m²,25 t 的卷钢可放 2 层高,15 t 的卷钢可放 3 层高。并且卷钢的件重有重有轻,可以堆放 2 层或者 3 层,使最大底层卷钢承重不超过 54 t 即可(即 18 × 3)。

以上两种方法未考虑卷钢的外形尺寸,这种方法经常叫作投影法(Shadow Area Method)。计算时要有一个安全冗余量,要考虑到对舱底结构的不利因素及不正确的装载导致超出极限的情况。要有 15% 的冗余量,即最大允许负荷为 18 t/m²,用于计算装卷钢的投影面积时不超过 15 t/m²。

上述方法被相关各方所接受,即便遭受特别恶劣气象,也没有造成船底板或内部结构损坏。

最终的方法由船级社提供,但计算出来的装卷钢舱底强度与层高会比上述投影法要小得多。

船舶的装载手册会给出不同货物的装载方法,有的给出各货舱卷钢装载表。这在船舶设计阶段就经过计算确定下来了。准备积载计划时,要遵守这些要求。

对日本保赔协会的推荐性意见,笔者非常敬佩,多年实践总体是安全可行的。有两点是有建设性的:

①有的船舶装载手册中未提供舱底强度,日本保赔协会设定其仅能装一排件重 30 t 的卷钢。实务中航行于中、日、韩间两三千吨的小船只要舱底是加强过的,也都经常装 30 t 件重的重卷,当然有的舱底未加强过的船也遇到过导致舱底纵骨变形的现象,这是极个别的现象,一般船东揽货时会事先指出来。

②"底层卷钢的每件合计承重不超过舱底板最大允许强度的三倍",这句稍难理解一点。笔者用国产卷钢验算过,宝钢与鞍钢的卷钢大致适用这样一个公式:

$$热卷外径 = \sqrt{卷重 \div 6.039 \div 板面宽度} + 0.5802$$

$$冷卷 = 以上计算值 - 0.15m$$

25 t 重、1.2 m 宽的卷钢,外径约 2.44 m,投影面积为 1.2 m × 2.44 m = 2.93 m²,若每平方米 18 t,则 2.93 × 18 = 52.74 t,若考虑前后的空隙,允许 54 t 还是可行的。冷卷一般件重较轻,常常受限于堆叠层高,而不是舱底强度。

（5）卷钢衬垫的目的

笔者认为衬垫的目的主要是避免卷钢与舱底直接接触，增加摩擦系数，避免由于舱底不平而造成的对舱底与卷钢的损坏，以及便于防止汗水对卷钢的锈蚀，至于在扩大接触面积、分散舱底受力方面，作用微乎其微。我所能找到的资料均是要求用木板衬垫：

①"CSS 规则"附则 6 要求：卷钢应在横向放置的垫木上积载。没有提及是用木板还是木方，具体什么规格。

②教材中要求用木板，强调用硬杂木，未提及衬垫几排，强调若拟装卷钢质量较重，可铺 2 层垫木。[①]

③SKULD 保赔协会：卷钢质量不超过 15 t，用两排双层的规格为 6″ × 1″（15 cm × 2.5 cm）木板，超过 15 t 的卷钢要垫三排这样的木板。[②] 英国保赔协会也有类似表述。

④英国保赔协会：底层的卷钢要装在双排横向放置的垫木上，这样任何舱底的或者舱顶的汗水可流向污水阱而不损坏货物。[③] 此处也没提及垫木的规格。

（6）若用于增加舱底强度，该如何衬垫？

挪威船级社认为如果要增加垫木厚度，那厚度要增加到 500 mm 或者联合使用一些高强度的工字钢，这样舱底才可被视为承载平均分布的载荷。使用 5 排垫木代替 3 排垫木，只要垫木还是很薄，其效果非常有限。

相比较日本保赔协会，挪威船级社就显得有点保守，后者有一个经验方法：卷钢质量应限制为最大装载均布载荷质量的一半。[④]

3. 卷钢衬垫结论

（1）若装载手册（Loading Manual）上有卷钢装载的章节，按手册来装载与衬垫即可。笔者见过一些船，卷钢是装不满载的。

（2）实务中，若因舱底强度问题，必须加强衬垫，就需要用挪威船级社的推荐方法，在波罗的海指数处于低位时，大批量地如此铺垫失去商业意义。

（3）挪威船级社提供的经验方法与日本保赔协会的推荐方法都有其合理性，理解角度有所不同。[⑤]

4. 关于钢板的衬垫

钢板一般在舱内不会移动，钢厂、码头工人、船长、船东都疏于对钢板的衬垫与

---

① 《船舶货运》，大连海事出版社，2011 年 3 月第一版，第 326 页

② SKULD ，*Carriage of Steel Cargoes*，Part 2：Cargo Care SECTION 1—LOADING AND STOWAGE

③ UN PNI，*Carefully to Carry*，Carriage of steel，P3，P6

④ *Casualty Information Information*，from DNV to the maritime industry No. 5 – 10 June 2010

⑤ 局部强度与均布强度有的船会差一倍

绑扎。某轮将一变压器放于一摞钢板旁(图22),剧烈涌浪作用下,钢板稍许移动,将变压器油管碰破,损失超过50万美元。

图22　未妥善衬垫的钢板导致旁边重大件损坏

中国钢材的出口基本都是 Free In 条款,即由发货人装货,发货人常常是大钢厂,是有巨额资产的实体,一旦违反妥善装货的义务,将会造成相当大的责任。上述索赔案中,保险公司去告船东、租船人,乃至船舶代理,唯独遗漏了钢板的发货人,但钢厂决不应因此疏忽自己的责任。

(1)摩擦系数

IMO 推荐的摩擦系数非常小,钢与潮湿的木头摩擦系数为0,钢与干燥的木头或者橡胶摩擦系数为0.3,相当于倾斜17°。该数据是过于保守的,英国保赔协会有资料提及干的木材与钢铁间的摩擦系数从0.3(17°)到0.7(35°)不等。

该保赔协会还在利物浦做过试验,分别用干的木头在干的舱盖上,湿的木头在干的舱盖上,干的木头在湿的舱盖上,湿的木头在湿的舱盖上做摩擦系数试验,得出最低数值是0.51(27°),发生在湿的木头在湿的舱盖上;最高为0.645(33°),发生在干的木头在干的舱盖上。[1]

要记住铁与铁之间的摩擦系数小到接近于0。

(2)相关方要求

①"CSS 规则"附则7对钢板的衬垫要求:对于薄板和小包件,已证明纵向和横向交替积载是令人满意的。应在不同层次间使用足够的干垫木或其他材料增加摩擦力。

---

① UK CLUB, *Carefully to Carry Lashing and securing deck cargoes*, 2006年9月,第4页

显然,公约要求钢板必须层层垫。

②*Thomas Stowage*:散的钢板常堆在码头并不使用垫木,并且堆得很漂亮,显然不能这样装到船上去,铁与铁之间直接接触将很危险,并且会花很多时间用于起吊前的穿钢丝。需要用垫木,并要垫得特别小心,垫木要厚度相同,垂直对齐以免钢板永久变形,堆码要保持水平。

③STANDARD 保赔协会要求得更明确:钢板要在前后方向上装载,垫木要横向每层铺垫。[1]

然而在中国的码头上,常常看到这样的钢板,如图 23 所示,更可怕的是很多也是就这样装上船的,然而很少有人意识到其中的危险。

图 23　典型的钢板在码头堆放情况

散的钢板最好出厂时打 5 t 以下的捆(5 t 以上国内装卸费会增加),这样每捆之间衬垫就相当容易了。在此要向钢厂呼吁,到了码头若再按照公约要求层层铺垫,那成本将十分巨大。

（此文发表于《世界海运》2015 年第 8 期）

---

[1]　STANDARD CLUB,*Guide to Steel Cargo*,December 2009,第 4 页